本书由中国科学院战略性先导科技专项（A 类）（编号：XDA23100301）、国家自然科学基金面上项目（编号：42171204）、山东省可持续发展研究院等联合资助出版

入海口城市发展模式

陈明星 等 著

科学出版社

北京

内 容 简 介

　　城市化是 20 世纪以来最为显著的人类活动，具有全球性、广泛性和深刻性特征，目前全球约 57%的人口居住在城镇，预计到 2050 年城镇人口占比将上升至 68%。全球城市化方兴未艾，城市发展模式成为备受关注的前沿议题。入海口城市是一类特殊类型城市，既面临着新一轮发展机遇，又普遍面临着气候变化、生态破坏与经济社会可持续发展等多重挑战。本书梳理了世界城市化发展的背景与趋势，总结了城市发展的新理念，在国内外首次提出入海口城市的概念及内涵，以 50 个大江大河入海口城市为代表，分析研究了入海口城市的自然地理基础与社会经济特征，探讨了 8 种入海口城市发展的特色模式，为世界入海口城市这一类型城市的发展模式提供了重要科学基础。

　　本书可供相关城市管理者、建设者及决策部门的工作人员参考使用，也可作为新型城镇化、可持续城市、海岸带区域可持续发展等相关研究领域的科研、教学工作者及感兴趣读者的参考用书。

审图号：GS 京（2024）2240 号

图书在版编目(CIP)数据

入海口城市发展模式 / 陈明星等著. -- 北京：科学出版社, 2024. 12. --
ISBN 978-7-03-080019-0

Ⅰ. F299.1

中国国家版本馆 CIP 数据核字第 2024GN0994 号

责任编辑：杨逢渤 / 责任校对：樊雅琼
责任印制：徐晓晨 / 封面设计：无极书装

科 学 出 版 社　出版
北京东黄城根北街 16 号
邮政编码：100717
http://www.sciencep.com

涿州市般润文化传播有限公司印刷
科学出版社发行　各地新华书店经销

*

2024 年 12 月第 一 版　　开本：787×1092　1/16
2024 年 12 月第一次印刷　　印张：9 1/2
字数：300 000

定价：148.00 元
（如有印装质量问题，我社负责调换）

"入海口城市发展模式" 课题组

顾 问	陆大道	中国科学院地理科学与资源研究所	院士、研究员
组 长	陈明星	中国科学院地理科学与资源研究所	研究员
		中国科学院区域可持续发展分析与模拟重点实验室	副主任
主要成员	魏景海	山东省黄河三角洲可持续发展研究院	处长、副研究员
	王海洋	山东省黄河三角洲可持续发展研究院	副研究员
	陈健斌	山东省黄河三角洲可持续发展研究院	高级工程师
	季银利	山东省黄河三角洲可持续发展研究院	助理研究员
	贾 凯	山东省黄河三角洲可持续发展研究院	工程师
	孙志刚	中国科学院地理科学与资源研究所	研究员
	王成新	山东师范大学地理与环境学院	教授、院长
	黄耀欢	中国科学院地理科学与资源研究所	副研究员
	李 洋	中国科学院地理科学与资源研究所	博士后
	先 乐	中国科学院地理科学与资源研究所	博士研究生
	陈良侃	中国科学院地理科学与资源研究所	博士研究生
	程嘉梵	中国科学院地理科学与资源研究所	博士研究生
	伍程斌	中国科学院地理科学与资源研究所	博士研究生
	张艺璇	中国科学院地理科学与资源研究所	博士研究生
	马 菁	中国科学院地理科学与资源研究所	博士研究生
	宋文明	中国科学院地理科学与资源研究所	硕士研究生
	汤淑娟	中国科学院地理科学与资源研究所	硕士研究生

目　　录

1 绪　　论

　　城市化是全球性的普遍现象，是工业革命以来全球人类社会发生的最为显著的社会经济转型过程。随着全球化、信息化及交通技术等快速发展，全球从"地点空间"向"流空间"转变，人口、资本、资源、要素等的流动性大大增加，城市聚集了全世界一半以上的人口，意味着人类进入了"城市时代"，沿海城市人口大规模集聚，沿海城市在全球城市网络中节点价值更加凸显。入海口城市作为沿海城市的一种特殊类型，是河流海洋交汇、陆地海洋统筹发展的关键区域，具有独特性、复杂性和生态系统脆弱性。当前，世界百年未有之大变局加速演进，全球性问题加剧，入海口城市可持续发展面临着新的挑战和机遇。然而，对入海口城市研究尚未得到足够重视，既没有清晰的概念内涵，更缺乏发展特色模式的阐释。本书在梳理世界城市化发展背景和趋势的基础上，提出入海口城市的概念内涵，以大江大河入海口城市为代表，分析研究了入海口城市发展的自然地理基础与社会经济特征，通过典型案例城市的解构剖析，总结提炼入海口城市发展的特色模式。主要观点结论如下。

　　（1）全球城市化快速发展，全球城市人口比重从 1960 年的 33.4%快速上升至 2020年的 56.6%，城市人口规模激增，从 10.2 亿迅速增长至 43.6 亿，城市成为人类主要居住地。据联合国预计，到 2050 年全球城市化率将达到 68%，城市人口将新增 22 亿，其中接近 90%的增长将发生在亚洲和非洲。城市规模体系持续演化，大城市影响不断加强，接近 1/4 的全球人口居住在规模超过 100 万人口以上的城市中。研究发现，人类长期受海洋吸引，持续向海岸带集聚。2020 年，全球总人口的 38%居住在距离海岸线 100 km范围内人口规模为 29.8 亿，占世界人口比重 38%；在距海海岸线 500 km 范围内人口规模达到 56.2 亿，占比达到 71%；距海岸线不同远近的人口密度呈现地带性距离衰减的规律。

　　（2）如何应对面临日益严峻的可持续发展挑战，选择什么样的发展理念和道路，对于人类未来是否能实现可持续发展目标而言，城市将发挥着至关重要的作用。城市发展理念在不断演进，提出了以人为本、可持续发展、包容共享、韧性发展等思想，也涌现出城市发展多元新理念，宜居城市、韧性城市、生态城市、海绵城市、低碳城市、智慧城市、多样化发展和城市间合作等新理念。这些新理念对入海口城市可持续发展具有重要启示意义，入海口城市也必将在全球实现可持续发展目标中承担责任并发挥建设性作用。

（3）入海口城市与港口城市、海滨城市、海岸带城市等概念既有联系，又有着明显区别，是一个新概念。简单理解，入海口城市指河流与海洋交汇处的海岸带上发育的城市，是具有河流海洋交汇、陆地海洋统筹融合等特色，将入海口区域内的河流、陆地以及海洋多样化生态系统与人类社会经济活动紧密联系的特殊类型城市。其内涵特征主要体现在四个方面：①河流海洋水系交汇，位于河流和海洋水系环境频繁作用的过渡带区域，有独特的泥沙运动、淡水咸水交互等性质；②陆地海洋统筹发展，兼具海域和陆域不同属性的环境特征，统筹陆地与海洋的开发与保护的系统治理；③通江达海区位优势，入海口城市是联结河流上游、中游和下游沿线城市的龙头城市，也是通过海洋与全球其他地区城市建立国际化联系的重要枢纽；④生态环境重要且脆弱，位于不同圈层交汇、能流和物流的重要聚散地带，海-陆-气相互作用的过程和机理复杂，受人类活动扰动程度大，受气候变化影响敏感性强。

（4）以大江大河入海口城市为研究对象，基于世界自然基金会全球水文数据库（HydroSHEDS）、开放街道地图（OSM）和全球人口格网数据（GPW）等全球数据库、城市社会经济统计数据以及遥感影像数据，辅以国际研究文献及研究报告等资料，从河流自然属性和社会发展作用两方面综合确定，遴选出 50 个具有代表性意义的入海口城市。这些城市在六大洲均有分布，其中亚洲 19 个、北美洲 11 个、欧洲 10 个、南美洲 6 个、非洲 3 个和大洋洲 1 个。

从自然地理特征来看，入海口城市均位于海拔低且地势平坦地区，年均气温多分布在 10~25℃区间，气温条件总体较为适宜，超过一半的入海口城市年均降水量大于 800 mm，降水较为充沛，入海口城市还具有较高的植被生产力和丰富的生态资源等资源禀赋优势。

从社会经济特征来看，入海口城市社会经济特征差异显著，25 个人口规模超过 100 万，其中 7 个人口规模超过 1000 万，城市间经济水平差异大，交通路网密度均值为 3997 m/km^2，基础设施建设情况较好，港口航运相对优势突出，城市国际化水平相对较高。

（5）进一步研究入海口城市发展特色模式，选取了鹿特丹、汉堡、新奥尔良、魁北克、开罗、布宜诺斯艾利斯、釜山、胡志明市、上海和东营作为典型案例城市，分析其城市发展特色，总结提炼 8 种入海口城市发展模式，入海口城市多样化繁荣发展是未来趋势。

● 开放包容城市精神。不同文明的交汇与碰撞，促使城市居民形成了开放进取的精神特质和热情好客的性格特质，能够包容多元文化，吸引不同文化背景的人才流入，共同建设城市。

● 高品质宜居城市。以人为本打造高品质的宜居城市，包括宜人的自然环境，也包括宜人的人文环境，如河海水系的特色城市景观、蓝绿空间、步行生活圈与和谐安全社区等，并倡导公众参与。

● 创新驱动高质量发展。创新是发展的根本动力，建设基础研究策源地，促进产学研用一体化，发展高精尖现代化产业体系，如人工智能、数字经济等，培养引进创新型人才。

● 内联外通港城融合。与河流上中下游城市建立密切联系，入海口城市应积极做到：发挥引领作用，推动流域整体联动发展；发挥枢纽作用，成为国内外经济联系、贸易合作的门户城市；发展多式联运综合交通体系，推动港城深度融合。

● 建设国际金融中心。利用港口、航运、国际化等优势，推动金融机构及管理平台的集中集聚，发展总部经济，发展绿色金融、普惠金融，构建可持续的城市投融资机制。

● 生态环境保护修复。重视河流三角洲综合治理、生物多样性保护和环境修复，建立健全国家公园保护体制，促进生态系统修复与服务功能价值实现，提升城市生态系统质量和稳定性。

● 积极推动文化旅游。合理开发世界自然遗产、世界文化遗产等的旅游价值，挖掘城市历史文化底蕴，开展多元文化体验活动，打造特色国际旅游目的地。

● 国际交往积极活跃。通过缔结城市联盟、友好城市结对、邀请国际组织入驻、承办国际赛事和国际会议等多种途径方式，提高入海口城市的国际影响力。

2　世界城市化发展背景趋势

城镇化是全球性的普遍现象，是工业革命以来全球人类社会发生的最为显著的社会经济转型过程，也是地球表层发生的人类活动与其他圈层相互作用的综合地理过程[1, 2]。随着信息网络和交通技术等高速发展，全球从"地点空间"向"流空间"转变，人口、资本、资源、要素等的流动性大大增加，大规模城市化在全球蓬勃展开，城市节点价值更加凸显[3]。随着快速的城市化、信息化、工业化及全球化的交织演进，我们进入了"城市时代"。城市聚集了全世界一半以上的人口，更是经济、政治、文化、知识和创新的中心[4]。与此同时，城市又是地球表层景观变化最大、人类活动最集中、影响最强烈的地区，城市可持续发展也面临严峻挑战[5]。联合国人居署新近发布《世界城市报告 2022：展望城市未来》[6]，指出人类的未来无疑仍是城市，未来 30 年，全球城市化将持续——城市化率将从 2021 年的 56.60% 达到 2050 年的 68%，预计要新增 22 亿城市居民。世界已经进入实现 2030 年可持续发展目标（SDGs）承诺的"行动十年"，城市作为越来越多人口的家园，是解决全球问题和挑战的主体，正在并将长久持续地成为引导全球可持续发展的核心[7, 8]。

2.1　全球城市化快速发展，城市人口规模激增

自 1960 年以来，全球城乡人口结构发生了翻天覆地的变化，城市规模和速度都在以一种前所未有的速度增长（图 2.1）。1960 年，世界上约 2/3 的人生活在农村，仅 33.4% 的人生活在城市，而截至 2021 年，城市人口比例上升至 56.60%。1960~2020 年，城市人口的年增数从 0.22 亿增至 1.58 亿，全球城市人口的年增长量大约翻 7 倍。而全球农村人口年增长量在 1970 年后开始出现下降趋势，同期农村人口年增长从 0.84 亿缩减到 0.02 亿。根据联合国估计，在 2007 年城市人口首次超过了农村人口。截至 2021 年，全球有 44.6 亿人生活在城市地区，34.2 亿人生活在农村地区。联合国预计到 2050 年这一比例将增加到 68%。目前，在大多数高收入国家，如英国、德国、法国、美国、澳大利亚和日本等，超过 80% 的人口生活在城市地区。

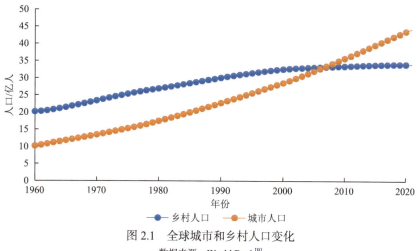

图 2.1　全球城市和乡村人口变化

数据来源：World Bank[9]

在全球范围内，城市面积正在快速扩张[10-12]。如图 2.2 所示，2018 年，全球城镇用地面积 79.31 万 km²，占全球陆地总面积的 0.52%，与 1992 年相比增长了 42.92 万 km²，增长比例达到 117.94%。亚洲城镇面积增长最大，达到 19.46 万 km²，其次为欧洲（9.47 万 km²）和北美洲（8.03 万 km²）。非洲、南美洲和大洋洲城镇面积分别增长了 3.06 万 km²、2.35 万 km² 和 0.54 万 km²。联合国在 *The World's Cities in 2018*[13]中预计在未来 50 年内，与 2020 年相比，低收入国家城市用地增幅将达到 141%，中低收入国家和高收入国家的城市用地面积增幅分别为 44% 和 34%。大洋洲和撒哈拉以南非洲地区将是城市用地面积增幅最大的区域。

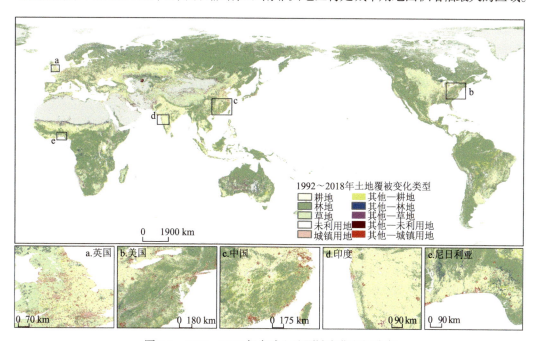

图 2.2　1992～2018 年全球土地覆被变化空间分布

数据来源：欧洲航天局（European Space Agency，ESA）全球土地覆被数据[14]

城市对全球经济的贡献举世瞩目。据麦肯锡全球研究院（McKinsey Global Institute，MGI）报告[15]，当今全球 80%以上的 GDP 由城市创造。前 600 个城市创造了全球 60%的 GDP，人口约占世界的 1/5。目前，全球发达城市地区对经济的影响力无疑是巨大的。2007 年，全球 GDP 排名前 600 的城市中，有 380 个来自发达国家的城市，占全球 GDP 的 50%。余下城市来自发展中国家，贡献了全球 GDP 的 10%。在发展中国家，城市化和经济增长是密切相关的，城市对其 GDP 的贡献达到 50%～80%。根据麦肯锡全球研究院估计，到 2025 年，前 600 城市 GDP 总和仍将占全球的 60%左右，中国、印度和拉美国家更多的城市将进入名单之列。

2.2 发展中国家城市化更迅速，成为增长主体

全球共经历了三次城市化浪潮：首先是工业革命以来，欧美国家率先开始长达一两百年的城市化。进入 20 世纪中叶，欧美国家城市化率基本超过 80%，多数处于城市化成熟阶段。20 世纪 50～70 年代，以拉美国家为代表掀起了第二次城市化浪潮，城市化水平从 1950 年的约 40%迅速提升至 1975 年的 60%左右。到 2000 年前后，阿根廷、乌拉圭、巴西、委内瑞拉等国家城市化水平超过 70%，甚至超过部分发达国家城市化水平。当前，第三次城市化正在亚洲、非洲等发展中国家快速推进，城市化增长速率普遍较高。

1961～2020 年，高收入国家城市人口增长率在 0.7%～2.1%，与此同时，低收入国家增长率在 3.4%～6.1%，中等收入国家城市人口增长率在 2.1%～4.2%（图 2.3）。这说明中低收入国家城市人口增长显著快于高收入国家。1990～2020 年，中国、东南亚以及中非和南非大西洋沿海逐渐成为全球城市化率的增长速率最高的地区，增长速率超过

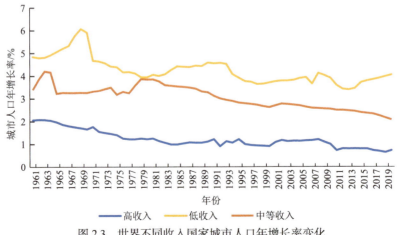

图 2.3 世界不同收入国家城市人口年增长率变化

数据来源：World Bank[9]

1%/a，远高于全球城市化增长率（0.37%/a），而北美、欧洲与南美等地区城市化率增长缓慢。发展中国家也必将成为未来全球城市化进程的主要发生地。据联合国估计，2050 年世界城市化率将达到 68%，城市人口可能增加 22 亿，其中接近 90%的增长将发生在亚洲和非洲，发展中国家 65%的人口和发达国家近 90%的人口将生活在城市地区。

2.3 城市规模体系持续演化，大城市影响增强

大城市规模和数量不断增加，全球越来越多的人口生活在大城市当中（图 2.4）。2018 年全球范围内，约有 23%的人口居住在规模超过 100 万的城市，人口总数从 1990 年的 7.7 亿人增长到 2018 年的 17.8 亿人，年均增长率达到 3.04%。北美洲和大洋洲居住在 100 万以上规模的城市人口占比均超过 55%，拉丁美洲和加勒比地区居住在大城市地区人口占比达到 45%，亚洲和非洲居住在大城市的人口比例均超过 35%。从城市规模体系来看，2000 万人以上规模的城市新增加 5 座，规模大于 1000 万人口的城市数量从 1990 年的 10 座新增至 2018 年的 33 座，500 万～1000 万人口规模的城市由 21 座新增至 48 座，100 万～500 万人口级城市由 243 座新增至 467 座。部分城市通过区域整合形成更大尺度的大都市区、城市群、城市连绵带，如美国东北部的波士华城市群、日本东京都市圈、中国长江三角洲城市群和珠江三角洲城市群等。发展中国家的大城市往往具有优先发展的模式，中心城市成为集聚人口、经济与社会要素的主要载体，影响力不断增强[16]。

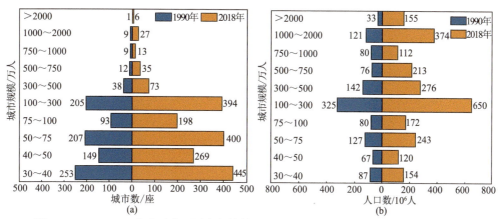

图 2.4 1990～2018 年全球主要城市规模等级结构（a）和不同规模城市总人口数（b）

数据来源：*World Urbanization Prospects: The 2018 Revision*[17]

不同地区城市人口规模增长差异明显（图 2.5）。东南亚以及非洲中东部等地区是 20 世纪 90 年代以来全球城市人口规模增长最快的地区，欧美等发达国家城市人口规模变化低于 50%，甚至在中西欧部分地区、美国少数城市人口规模出现了负增长，即"城市收缩"。

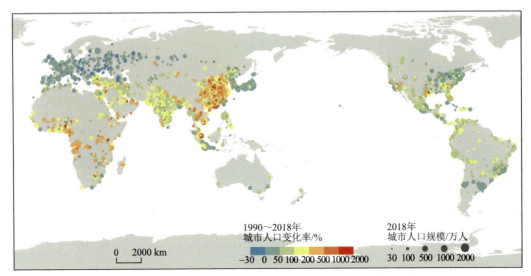

图 2.5　1990～2018 年全球 30 万及以上人口的城市规模时空演化

数据来源：*World Urbanization Prospects: The 2018 Revision*[17]

2.4　人类长期受海洋吸引，持续向海岸带集聚

全球化推动了向海发展的浪潮，沿海岸线和低洼地区的城市扩张迅猛[18, 19]。国际贸易通过国际港口流入沿海国家，带来资本、信息、技术等要素向海岸带集聚，引发了沿海地区人口急剧增长[20]。根据 WorldPop 人口格网数据，2020 年在距海岸线 100 km 范围以内地区人口总量为 29.81 亿，占全球总人口的 38%，在距海岸线达到 500 km 范围以内人口总量为 56.15 亿，占全球总人口的 71%（图 2.6）。距海岸线不同远近的人口密度呈现地带性距离衰减的规律，表明人口地理空间分布向海岸集聚的特征。据联合国海洋大会数据[21]，目前超过 6 亿人生活在海拔不到 10 m 的沿海地区，约占世界人口的 10%。1950 年，位于沿海地区的纽约是地球上唯一的"超大城市"，现在全球有 17 座特大城市，其中 14 座位于沿海地区。不仅是超大城市，拥有 100 万至 1000 万人口的世界主要城市中，2/5 也位于海岸线附近。

海洋覆盖了约 71% 的地球表面，而人类对海洋的探测仅有 5%，剩下 95% 尚未被开发。正是由于海洋的神秘和资源的丰富，激发了人类几百年来对海洋的开辟和探索。15～16 世纪的大航海时代促成规模化的海上贸易，并衍生出一系列海洋文化的繁荣发展，如开放意识、冒险精神、商贸文化等。这些文化特性对当今人类发展产生了深刻影响，是人类持续向沿海集聚的内在动力之一。

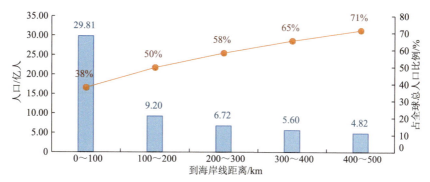

图 2.6　2020 年距离海岸线由近到远等宽地带内人口分布变化

数据来源：WorldPop 2020[22]

2.5　城市发展理念不断演进，涌现多元新理念

进入 21 世纪，城市化、城市治理和更新面临全新挑战。世界人本思潮崛起，"以人为本"成为城市发展思想的核心[23]。目前，全球城市面临环境污染、水资源短缺、气候变化、碳排放量大等自然环境问题以及城市蔓延、土地利用低效、交通拥堵、社区安全、公共卫生与健康风险、贫困与不平等、住房紧张等社会经济压力[24]。城市是人类集中居住地，创造了全球绝大部分财富，同时也是碳排放和污染的主要来源。城市未来如何应对这些挑战，将对人类可持续发展发挥着关键性作用。近年来，城市发展理念不断演进，提出了可持续发展[25, 26]、以人为本[27, 28]、包容共享[29]、韧性发展[30]、区域协调等思想，也涌现出宜居城市[31]、韧性城市[30, 32]、生态城市[33]、海绵城市[34]、低碳城市[26]、智慧城市[35]、多样化发展[6]和城市合作与联盟[36]等新理念（图 2.7）。

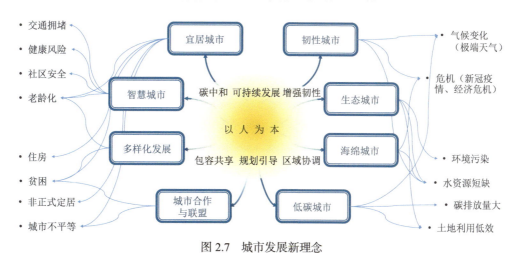

图 2.7　城市发展新理念

2.5.1　宜居城市

居住是城市基本的功能之一。1996 年联合国第二届联合国人类住区会议提出了城市应当是适宜居住的人类居住地的概念。此概念一经提出就在国际社会形成了广泛共识。宜居城市是指适宜于人类居住和生活的城市，注重居民对城市的心理感受和评价。国际上对宜居城市的理解和建设比较关注适宜居住性、可持续性以及对危机和困难的适应性。除了适宜居住的人居环境，居民对城市发展的公共决策能力也是重要表现之一。宜居城市包含优美、整洁、和谐的自然和生态环境，同时包含了安全、便利、舒适的社会和人文环境。宜居城市相比过去过分强调城市经济发展重要性，突出了对"以人为本"的关注，通过对公共活动空间、邻里空间、交流空间等城市社会空间的规划和调整，让更多居民享受到公共服务，提高居民日常生活质量[37]。在宜居城市发展基本理念下，为居民提供更加便利、安全、健康和舒适的设施与环境是城市发展的重要评价标准之一。

2.5.2　韧性城市

联合国发布的 2030 可持续发展目标 11（SDG11）旨在建设包容、安全、有韧性的城市及人类住区[38]。2016 年联合国住房和城市可持续发展大会进一步将"韧性城市"作为《新城市议程》的创新内容。韧性城市成为城市可持续发展的创新模式之一。韧性城市联盟（Resilience Alliance）将城市韧性定义为："城市系统能够消化并吸收外界干扰（灾害），并保持原有主要特征、结构和关键功能的能力"。韧性城市的建设包括经济韧性、社会韧性、环境韧性以及应对冲击的强有力的组织合作能力。经济韧性指应对未来任何冲击时，城市能够通过灵活、及时地进行经济结构和相关政策调整，维持经济的平稳发展。2019 年新冠疫情危机暴露了城市经济部门专业化更容易受到经济冲击影响，而多样化的经济部门能让经济具有更高弹性。社会韧性建设通过社会治理，确保社会有效运行。环境韧性指充分利用灰色基础设施和蓝绿空间功能，采取减缓和适应气候变化的环境政策和行动。组织韧性指强大的组织行动能力能及时形成强大合力，共同抵御灾害。

2.5.3　生态城市

在 20 世纪 30～60 年代发生的八大公害事件敲响了生态环境保护的警钟，同时《寂静的春天》和《增长的极限》等著作相继出版对改造自然的思维模式产生强烈冲击，人们的环境意识不断提高，并开始对已有经济增长模式提出质疑。20 世纪 70 年代，联合国教育、科学及文化组织发起的人与生物圈计划（Man and the Biosphere Programme,MAB Programme）研究过程中提出的生态城市概念，成为全球许多城市规划与建设的重要目标。生态城市（Eco-City）旨在构建稳定、协调、持续发展的人工复合生态系统，优先考虑最大限度保护自然生态,强调在自然环境所允许的承载范围内开展建设活动[39]。1984 年,联合国在其 MAB 报告中,提出了生态城市建设的 5 项原则:生态保护战略(包括自然保护,动、植物区系及资源保护和污染防治);生态基础设施(自然景观和腹地对城市的持久支持能力);居民的生活标准;文化历史的保护;将自然融入城市,奠定了生态城市发展的基础。生态城市让资源利用更加高效、人与自然和谐共处以及城市自我调节能力不断加强[40]。

2.5.4 海绵城市

气候变化对世界的影响加剧,城市的脆弱性和日益增长的风险备受关注[41-43]。全球变暖导致海平面上升和热带气旋强度增加,产生更高的风速和更强的降水,造成风暴潮、台风、洪水等极端天气频发。城市地面下沉进一步增加了沿海洪水频发的风险[44]。在曼谷,泰国湾海平面每年上升约 0.25 cm,远快于城市下沉的速度;2022 年巴基斯坦遭遇严重洪涝灾害,约 3300 万人受灾。位于河流入海口的城市则面临沿海、河流或综合的洪灾,因此排水防涝对入海口城市安全至关重要。除了气象灾害风险,不少城市还存在水资源短缺和水质污染等多种水问题,亟须建立安全有效的净水系统[45]。

海绵城市,是秉承新一代城市雨洪管理理念,指城市能够像海绵一样,在适应环境变化和应对雨水带来的自然灾害等方面具有良好的弹性[46]。通过在下雨时吸水、蓄水、渗水、净水,需要时将蓄存的水释放并加以利用,实现雨水在城市中自由迁移。海绵城市遵循的是顺应自然、与自然和谐共处的低影响发展模式,既保护原有的水生态,又保持城市建成后地表径流量不变,最大限度保护原有河流、湖泊、湿地等水生态体系,维持自然水文特征,修复被破坏的绿地、水体和湿地等[34]。在海绵城市开发建设中,采用垂直园林建筑、绿色屋顶、可渗透路面、人工湿地等精细化设计与技术手段,对雨水进行截留和净化,通过"自然渗透、自然积存和自然净化"保证开发前后地表径流总量和峰值流量不变。

2.5.5 低碳城市

城市占全球土地面积的 2%,消耗了 75% 的能源,排放了 85% 的二氧化碳,是全球气候变暖的重要驱动因素。2005 年《京都议定书》生效,要求主要工业发达国家在 2008～2012 年将温室气体排放量在 1990 年的基础上平均减少 5.2%;2015 年《巴黎协定》明确提出了温控目标:将全球平均气温较工业化前的升幅控制在 2℃ 以内,并努力控制在 1.5℃ 以内。低碳城市的概念应运而生。低碳城市倡导低碳绿色的经济生产和消费,推行能源结构的调整,大力发展清洁能源和再生能源的使用,形成一个良性的可持续的能源生态体系[47]。低碳城市主要从经济发展方式、能源消费方式、人类生活方式等方面进行新的变革[26]。通过绿色交通设计，采用以步行、自行车、公共交通为主的多模式交通网络，激励人们以绿色出行替代汽车出行，减少碳排放。实行绿色循环经济，提倡"3R"原则，即减少物质消费量（Reduce）、重新利用（Reuse）、循环回收（Recycle）。通过清洁生产，最大限度地减少高碳能源的使用和 CO_2 的排放。

2.5.6 智慧城市

智慧城市是伴随信息技术革命产生的新城市理念[48]。在 2008 年全球性金融危机的影响下，IBM 首先提出了智慧地球新理念，作为应对金融危机、抢占未来科技制高点的重要战略。以物联网、云计算、移动互联网、大数据、人工智能、5G 和增强现实（AR）为代表的新一代信息技术是智慧城市的核心，通过信息技术改变政府、企业和人们相互交往的方式，使得城市能够对公共安全、城市服务、民生、环保监测以及工商业活动等各种需求做出快速、智能的响应，提高城市运行效率，为居民创造更美好的城市生活。例如，智慧医疗系统有效调节医疗资源分配，让居民健康得到及时保护；智慧交通高效运用城市道路资源，减少拥堵；智能水电等市政设施，保障城市居民基本服务供给；智慧安全应急系统，监控城市治安状况，营造安全的社区；智慧环境设施监测系统，对污染及灾害及时警示等。

2.5.7 多样化发展

《2022 年世界城市报告》明确提出"城市未来的多样性和愿景"，多样的城市环境与城市未来有着密不可分的关系，这种多样化体现在不同地区城市化阶段和规模、人口、社会结构、经济组成、全球化程度、文化及地方政治制度上的差异[6]。这意味着世界不同地区都有其独特的发展模式和成果，并反映在城市政策和响应上。城市化将继续是一个变革性的、但不平衡的过程，需要采取不同的应对措施，城市未来应该在不同程度上反映城市所面临的挑战和机遇。发达国家城市需要优先处理不平等与社会排斥、节能减排、文化多样性、基础设施升级更新、城市衰落和收缩以及日益老龄化导致的人口需求变化。发展中国家表现出更大的多样性，拉丁美洲普遍具有高水平的城市化率，而非洲城市化率较低，仍处于城市化加速阶段。发展中国家城市需要优先解决贫困和不平等、基础设施和住房建设、贫民窟改造、气候变化挑战以及二线城市发展等问题。

2.5.8 城市合作与联盟

当今世界知识、信息、货物、资金、要素等构成的"流空间"带来地区乃至全球经济组织方式的改变，城市之间的联系日益紧密。从"友好城市"到城市联盟，城市间合作有力地促进了合作双方人才、技术、信息交流，优化了城市之间资源配置，在消除市场壁垒等方面发挥了重要作用[36,49]。此外，城市所面临的气候变化、可持续发展等一系列重大挑战均是全球性问题，因此，单个城市无法有效地面对和解决这些挑战，世界各地广泛兴起了跨区域城市联盟与合作[50]。例如，为响应城市可持续发展，全球建立 200多个多层次的城市网络，包括全球 100 韧性城市、城市气候领导联盟、世界城市和地方联合组织（UCLG）及全球气候与能源市长公约等。城市是高等学校、科研院所、金融机构和公司总部等的集中地，被视为知识经济下地区和国家经济增长的关键引擎，城市间广泛和深度的合作有助于促进知识流动与创新相关的产业发展。

3　世界主要入海口城市的地理分布

3.1　入海口城市的概念内涵

3.1.1　入海口城市的概念

河流入海口即入海河口，河口部分封闭沿海半咸水，有一条或多条河流或溪流流入其中，并与海洋相连通[51]。入海口形成河流环境和海洋环境之间的过渡带，具有明显的海陆交错带特征。入海口地区既受到潮汐、海浪和咸水流入等海洋影响，也受到淡水和沉积物等河流影响，往往具有丰富的生物资源、矿产资源和水资源。同时，入海口地区通常具有优良的水运航道，可为区域物质运输提供重要渠道，进而促进工业、农业、交通运输等人类社会经济活动的发展[52]。当前，在学术界尚未见到明确的入海口城市定义，入海口城市这一特殊类型的城市发展特色及模式研究也没有得到足够重视。与入海口城市相关的一般是港口城市、海滨城市、海岸带城市等。

港口城市是位于江河、湖泊、海洋等水域沿岸，拥有港口并具有水陆交通枢纽职能的城市，其成长的最重要动力来源于港口，包括港城初始联系、港城相互关联、港城集聚效应和城市自增长效应[53]。港口城市不仅是经济活动的中心，也是交通网络的重要枢纽。它将港口经济、物流和工业活动与本地经济和社会活动紧密结合，成为进出口贸易、工业和旅游业的聚集点[54, 55]。为充分利用港口区位优势从而推动港口城市、沿海区域的发展，以港口为节点，基于港口-城市-区域发展背景，针对港口与城市的空间结构优化、相互作用模式等开展了大量研究，并取得了一系列的相关研究成果。然而港口城市是依托港口为驱动力基础的城市类型，按城市所处的地理位置，可分为河口港城市、海岸港城市、内河港城市、湖港城市。其中河口港城市和海岸港城市与入海口城市具有一定的重合，但又不完全一致，这主要是因为港口城市的建设主要受海湾（岸）建港条件的影响，其所处位置并不一定位于入海口区域。

海滨城市指沿海而建的城市，因其环境优美、气候适宜并具有发展海洋旅游的优越条件而成为开发海洋旅游资源的重要依托[56]。近代海滨旅游起源于18世纪中叶的英国，在20世纪中叶进入休闲度假的发展阶段。中国拥有1.8万km的大陆海岸线，滨海地区分布着大量优良海湾和港口城市，对于发展海滨旅游具有得天独厚的优势。20世纪以来，针对海滨城市旅游开展了相关研究，包括海滨旅游地气候适宜性评价、海滨城市旅游的模式选择、景观规划等。

海岸带城市位于陆地向海洋延伸的带状区域，包括沿海平原、河口三角洲、水下岸坡等地带，处于海岸动力与沿岸陆地相互作用的独特环境体系中，具有交通便利、资源丰富等区位优势。目前关于海岸带城市的研究包括海岸带综合管理、生态风险评价以及可持续发展研究等[57]。

综上所述，入海口城市与港口城市、海滨城市、海岸带城市既有联系，又有着明显差别，是城镇化、城市发展和可持续发展研究中一个新概念。入海口城市指河流与海洋交汇处的海岸带上发育的城市，是具有河流海洋交汇、陆地海洋统筹融合等特色，将入海口区域内的河流、陆地以及海洋多样化生态系统与人类社会经济活动紧密联系的特殊类型城市。

3.1.2　入海口城市的内涵特征

入海口城市是城市的一种具体类型或者一种特定的表现形式，是兼顾入海口自然属性和城市社会经济属性特征的城市类型。随着经济全球化、全球可持续发展目标和城市可持续发展，与一般城市相比，入海口城市发展具有独特性和复杂性，有必要将其作为一种专门城市类型，对其发展模式深入分析研究。入海口城市作为河流和陆地物质汇入海洋的多相界面过程的节点，具有物质与水动力累积效应与水陆生态系统交织影响，往往又是局部生态环境尤为脆弱与复杂的区域。入海口城市为江河流域与近海交汇带，城市经济社会发展的同时又需充分考虑区域内陆河流水系与海洋水体及区域生态环境的保护与安全。因此，城市发展定位、城市形象塑造、城市产业选择及城市文化内涵增强等，对促进城市区域和流域的可持续发展具有重要意义。

入海口城市是落实生态文明建设、可持续发展、以人为本宜居城市等新发展理念的重要载体，内涵特征主要体现在以下四个方面。

（1）河流海洋水系交汇。入海口城市位于河流和海洋水系环境频繁作用的过渡带区域，河流近河口段以河流特性为主，河口外海滨以海洋特性为主，河流和海洋则强弱交替地相互作用，有独特的泥沙运动、淡水咸水交互等性质。

（2）陆地海洋统筹发展。入海口城市地理位置特殊，位于陆地系统和海洋系统相互交接、相互作用的地带，兼具海域和陆域不同属性的环境特征，是地球上水圈、岩石圈、大气圈和生物圈相互作用最频繁、最活跃地带，需要统筹陆地与海洋的开发与保护。

（3）通江达海区位优势。入海口城市具有通江达海地理区位的综合优势，是联结河流上游、中游和下游沿线城市的龙头城市，也是通过海洋与全球其他地区城市建立国际化联系的重要枢纽，形成其他城市难以比拟的区位特色。

（4）生态环境重要且脆弱。由于复杂的海陆气相互作用，河流入海口形成了融合淡水、海水、咸淡水混合、潮滩湿地、河口岛屿和沙洲湿地等复杂生态系统，是不同圈层交汇、能流和物流的重要聚散地带，受人类活动扰动程度大，受气候变化影响敏感性强。

3.2 大江大河入海口城市的遴选

3.2.1 遴选方案

入海口城市是由入海口这一自然要素和城市这一社会要素组成的有机整体。根据入海口城市研究报告编制的工作任务需求，本书研究的入海口城市案例范围主要是针对大江大河的入海口城市。因此，首先界定对大江大河概念的理解，同时结合具有入海口城市的特征进行遴选。具有入海口的大江大河应从自然和社会两方面综合界定。从自然角度来看，大江大河是指河流长度、流量、流域面积等河流的主要自然地理属性以及年均输沙量、三角洲面积、流经国家个数等自然地理属性都较为显著的河流，如密西西比河、长江等，其上也发展形成了诸如新奥尔良、上海等世界著名入海口城市。从社会角度来看，大江大河应包括在人类社会经济活动和发展历史进程中起到显著作用的河流，尽管有的可能在河流长度、流量等自然属性上并不突出，但对于所处区域乃至人类文明历史上都发挥了重大作用，如泰晤士河（346 km）、莱茵河（1233 km）等长度不突出，但孕育了伦敦、鹿特丹等著名的入海口城市，也被界定为本书编写的大江大河范畴。

在此基础上，结合全球城市分布及其社会经济辐射能力，运用空间分析、经验选择、专家咨询等方法，遴选出全球范围内具有典型代表性意义的入海口城市。为此，入海口城市遴选大致分为三个步骤（图 3.1）。

第一步，河流数据收集、整理和筛选：首先，基于河流基础地理数据提取具有入海口的河流，并按照河流长度、流量等自然属性排序，遴选出对区域自然环境具有重要地理学意义的大江大河；其次，基于河流社会属性，遴选出各大洲对区域社会、经济、文明发展具有重大作用和历史地位的入海河流；综合上述河流，形成入海河流遴选清单。

第二步，入海口城市区域空间分析：首先，基于第一步遴选的入海河流清单，采用空间叠加分析技术确定入海口空间点位清单；其次，针对入海口空间点位，采用空间叠加分析，形成入海口城市遴选空间范围；最后，将遴选空间范围与世界城市空间点位数据进行空间条件查询，形成初选的入海口城市信息清单。

第三步，入海口城市筛选与数据提取：基于初选的入海口城市信息清单，采用专家经验评估的方法，进行入海口城市的一级筛选，在此基础上，通过专家咨询的方式形成最终遴选的大江大河入海口城市清单。

其具体技术流程如图 3.1 所示。

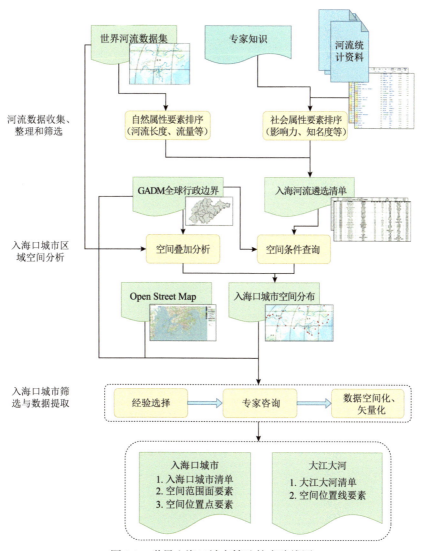

图 3.1　世界入海口城市筛选技术路线图

相关数据产品及其说明如表 3.1 所示。

表 3.1　数据清单及数据说明

序号	数据类型	数据描述	格式	来源
1	全球河流网（HydroRIVERS）	HydroSHEDS 数据库提供一套全球数字数据层，用以支持全球水文生态、环境保护、社会经济和人类健康等研究和应用，构成广泛的评估地理空间框架[58]。HydroRIVERS 为其中的全球河流网络，空间分辨率为 15 角秒	ESRI Shapefile (.shp)	https://www.hydrosheds.org/
2	世界主要河流图层（World Major Rivers）	Esri 全球 1∶500 万世界主要河流矢量图层	Layer Package (.lpk) ESRI Shapefile (.shp)	https://www.arcgis.com/home/item.html?id=44e8358cf83a4b43bc863646cd695945
3	世界河流数据集（World Rivers）	该数据集显示了与 405 个主要河流流域相关的 687 条河流。该数据来自 BGR-UNESCO "全球水文地质测绘和评估计划"（WHYMAP）框架，比例尺为 1∶5000 万	ESRI Shapefile (.shp)	http://ihp-wins.unesco.org/layers/geonode:world_rivers
4	全球行政区划数据库（GADM）	高精度的 GADM 包含了全球所有国家和地区的国界、省界、市界、区界等多个级别的行政区划边界数据	ESRI Shapefile (.shp)	https://gadm.org
5	开放街道地图（Open Street Map）行政区划边界	Open Street Map 是一款由网络大众共同打造的非营利、开源、可编辑的地图服务，其利用公众集体的力量和无偿的贡献来改善地图相关的地理数据，在本书中用于补充和修订 GADM 行政区划数据的遗漏或错误	GeoJson(.json) OSM(.osm)	https://www.openstreetmap.org/
6	河流统计资料、年鉴	河流统计数据包括河流长度、河流流量、河流入海信息等，来自各国际组织或政府统计年鉴、论文[59]、维基百科、美国国家地理教育资源网	Excel (.xlsx)	https://en.wikipedia.org/w/index.php?title=List_of_rivers_systems_by_length&oldid=1105941932 https://www.factmonster.com/world/geography/principal-rivers-world https://www.mdba.gov.au/discover-basin/catchments/lower-murra

3.2.2　大江大河入海河流概况

入海河流的提取主要包括两条路径：一是根据河流自然属性（长度、流量等）筛选入海河流，二是根据河流在当地产生的影响力大小，遴选出各大洲对区域社会、经济、文明发展具有重大作用和历史地位的入海河流。本书从联合国教育、科学及文化组织政府间水文计划（Intergovernmental Hydrological Programme of UNESCO）的世界河流数据中识别和提取各大洲主要河流的干流，统计并整理世界河流长度、流量、流域、所在大洲、所注入的大洋、河流入海口处城市、入海口处所属国家等相关数据信息，共筛选出约 200 个河流及城市点位。从自然和人文的角度，在这些河流中筛选出对所经国家或大洲具有较大影响力和意义的河流作为研究的大江大河,最终从其中综合筛选出 50 条河流及其对应入海口城市作为研究基础(图 3.2)。其中根据社会经济意义筛选入海河流的依据包括专家知识、港口货物吞吐量、相关统计网站等信息,筛选出和社会地区经济文化等息息相关的入海河流。

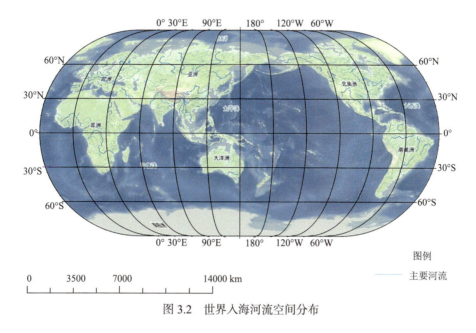

图 3.2 世界入海河流空间分布

3.3 大江大河入海口城市地理分布

50 个大江大河入海口城市(表 3.2),分布如图 3.3 所示。大江大河入海口城市分布在亚洲的数量最多,达 19 个,主要集中在东南亚和东亚地区,位于太平洋沿岸。北美洲和欧洲的大江大河入海口城市分别有 11 个和 10 个,位于大西洋沿岸的城市占一半以上。南美洲有 6 座大江大河入海口城市,其中 5 座都分布在南美洲北部沿海,即赤道附近;分布在非洲和大洋洲的入海口城市较少,分别为 3 个和 1 个。

世界入海口城市分布数据由两部分构成:入海口城市全球分布点位以及入海口城市空间范围,分别为点矢量和面矢量数据。入海口城市基于全球入海河流数据和全球城市行政边界数据分析确定。具体地,以 GADM 各国不同级别行政区划数据作为基础,根据联合国教育、科学及文化组织政府间水文计划世界河流数据,提取前述 50 条全球入海河流矢量线状数据及其线状数据末端点位(入海处点位)。将入海处点位作为入海口城市点矢量数据,以空间相交的条件在 GADM 面状数据上确定与入海口城市点位相交处所对应的入海口城市面矢量。由于 GADM 数据在不同国家或地区的详尽程度不同，如俄罗斯远东地区无法提取具体城市面状单元，此类情况通过 Open Street Map 数据补充其行政边界等信息，如若仍无法获取，则通过人工目视解译在 Google Earth 上进行边界矢量化工作。

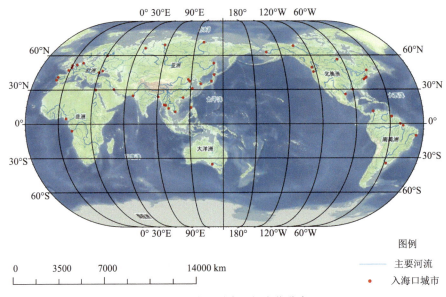

图 3.3　入海口城市空间点位分布

入海口城市与流向海洋对照如表 3.2 所示。

表 3.2　大江大河及其入海口城市名单

序号	洲	英文名称	河流名称	入海口城市	流入大洋/海
1	北美洲	Mississippi River	密西西比河	新奥尔良	大西洋
2	北美洲	Mackenzie River	马更些河	伊努维克	北冰洋
3	北美洲	Yukon River	育空河	阿拉卡纳克	太平洋
4	北美洲	Saint Lawrence River	圣劳伦斯河	魁北克	大西洋
5	北美洲	Rio Grande River	格兰德河	马塔莫罗斯	大西洋
6	北美洲	Nelson River	纳尔逊河	吉勒姆	北冰洋
7	北美洲	Columbia River	哥伦比亚河	波特兰	太平洋
8	北美洲	Hudson River	哈得孙河	纽约	大西洋
9	北美洲	Delaware River	特拉华河	费城	大西洋
10	北美洲	Potomac River	波托马克河	华盛顿	大西洋
11	北美洲	Fraser River	弗雷泽河	温哥华	太平洋
12	大洋洲	Murray River	墨累河	泰勒姆本德	印度洋

续表

序号	洲	英文名称	河流名称	入海口城市	流入大洋/海
13	南美洲	Amazon River	亚马孙河	马卡帕	大西洋
14	南美洲	Parana River	巴拉那河	布宜诺斯艾利斯	大西洋
15	南美洲	Tocantins River	托坎廷斯河	贝伦	大西洋
16	南美洲	Sao Francisco River	圣弗朗西斯科河	大布雷若	大西洋
17	南美洲	Orinoco River	奥里诺科河	圭亚那城	大西洋
18	南美洲	Magdalena River	马格达莱纳河	巴兰基亚	大西洋
19	非洲	Nile River	尼罗河	开罗	地中海
20	非洲	Congo River	刚果河	莫安达	大西洋
21	非洲	Niger River	尼日尔河	哈科特港	大西洋
22	亚洲	Yangtze River	长江	上海	太平洋
23	亚洲	Yenisei River	叶尼塞河	杜金卡	北冰洋
24	亚洲	Huanghe River	黄河	东营	太平洋
25	亚洲	Ob-Irtysh River	鄂毕河-额尔齐斯河	萨列哈尔德	北冰洋
26	亚洲	Heilong River	黑龙江	尼古拉耶夫斯克（庙街）	太平洋
27	亚洲	Lena River	勒拿河	季克西	北冰洋
28	亚洲	Mekong-Lancang River	湄公河-澜沧江	胡志明市	太平洋
29	亚洲	Jamuna-Brahmaputra-Yarlung Zangbo River	贾木纳河-布拉马普特拉河-雅鲁藏布江	达卡	印度洋
30	亚洲	Indus River	印度河	卡拉奇	印度洋
31	亚洲	Euphrates River	幼发拉底河	阿巴丹	印度洋
32	亚洲	Salween-Nujiang River	萨尔温江-怒江	毛淡棉	印度洋
33	亚洲	Irrawaddy River	伊洛瓦底江	仰光	印度洋
34	亚洲	Pearl River	珠江	广州	太平洋
35	亚洲	Haihe River	海河	天津	太平洋
36	亚洲	Menan River	昭披耶河（湄南河）	曼谷	太平洋
37	亚洲	Shinano River	信浓川	新潟	太平洋
38	亚洲	Ishikari River	石狩川	札幌	太平洋
39	亚洲	Nakdong River	洛东江	釜山	太平洋
40	亚洲	Pasig River	帕西格河	马尼拉	太平洋
41	欧洲	Danube River	多瑙河	苏利纳	黑海
42	欧洲	Dnieper River	第聂伯河	赫尔松	黑海
43	欧洲	Rhine River	莱茵河	鹿特丹	大西洋
44	欧洲	Douro River	杜罗河	波尔图	大西洋

续表

序号	洲	英文名称	河流名称	入海口城市	流入大洋/海
45	欧洲	Seine River	塞纳河	勒阿弗尔	大西洋
46	欧洲	Elbe River	易北河	汉堡	大西洋
47	欧洲	Thames River	泰晤士河	伦敦	大西洋
48	欧洲	Tagus River	塔霍河	里斯本	大西洋
49	欧洲	Loire River	卢瓦尔河	南特	大西洋
50	欧洲	Neva River	涅瓦河	圣彼得堡	大西洋

4 世界入海口城市发展的自然地理基础

4.1 广泛分布于六大洲

50 条入海河流在六个大洲均有分布，且河流与海洋水系广泛交汇，不同大洲的河流流向六个不同的海洋（图 4.1）。其中，亚洲的河流水系分布主要流向太平洋，其次是印度洋与北冰洋。北美洲的河流主要流向大西洋，以及太平洋和北冰洋。欧洲的河流水系分布，除了主要流入大西洋外，还有部分河流流向黑海。非洲河流主要流向大西洋和地中海。南美洲河流均流向了大西洋，大洋洲河流均流入了印度洋。总体来说，流入大西洋的河流水系最多，范围也最为广泛，其次是太平洋，黑海由于自身面积相对较小，流入水系分布相对较少。

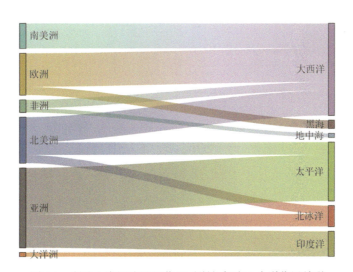

图 4.1 所选入海河流地理位置（洲）与流入大洋位置关联

4.2 大江大河影响力强

据统计,50 条入海口河流中,7 条长度超过 5000 km,近一半超过 3000 km。其中,最长的河流是位于非洲的尼罗河,长度达到 6650 km,其次是南美洲的亚马孙河(6400 km)、亚洲的长江(6300 km)和北美洲的密西西比河(6275 km),长度均超过了 6000 km,是世界知名的大江大河。可以看出,分布在亚洲的河流总体长度相对较长,除了长江以外,叶尼塞河、黄河、鄂毕河-额尔齐斯河、黑龙江等五条河流都排在长度前十名(图 4.2)。

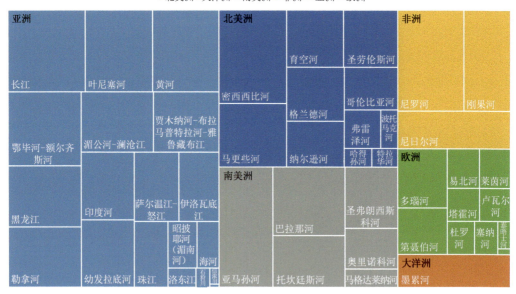

图 4.2　五大洲主要大江大河河流长度比较

近三分之一的入海河流流量超过 1 万 m³/s,其中南美洲的亚马孙河流量最大,为 21 万 m³/s,非洲的刚果河位居第二,为 4.1 万 m³/s,南美洲的奥里诺科河流量为 3.8 万 m³/s,亚洲的长江流量达到 3 万 m³/s,亚洲的叶尼塞河、贾木纳河-布拉马普特拉河-雅鲁藏布江和南美洲的巴拉那河流量均为 2 万 m³/s(表 4.1)。

表 4.1　入海河流长度流量及地理位置分布

序号	洲	英文名称	河流名称	河流长度/km	河流流量/(×10³ m³/s)
1	亚洲	Yangtze River	长江	6300	30
2	亚洲	Yenisei River	叶尼塞河	5539	20

序号	洲	英文名称	河流名称	河流长度/km	河流流量/ (×10³ m³/s)
3	亚洲	Huanghe River	黄河	5464	2.6
4	亚洲	Ob-Irtysh River	鄂毕河-额尔齐斯河	5410	13
5	亚洲	Heilong River	黑龙江	4444	11
6	亚洲	Lena River	勒拿河	4400	17
7	亚洲	Mekong-Lancang River	湄公河-澜沧江	4350	16
8	亚洲	Jamuna-Brahmaputra-Yarlung Zangbo River	贾木纳河-布拉马普特拉河-雅鲁藏布江	3969	20
9	亚洲	Indus River	印度河	3610	5.5
10	亚洲	Euphrates River	幼发拉底河	3596	0.36
11	亚洲	Salween-Nujiang River	萨尔温江-怒江	3060	6.6
12	亚洲	Irrawaddy River	伊洛瓦底江	2809	14
13	亚洲	Pearl River	珠江	2200	9.5
14	亚洲	Haihe River	海河	1031	—
15	亚洲	Menan River	昭披耶河（湄南河）	1352	0.72
16	亚洲	Shinano River	信浓川	153	—
17	亚洲	Ishikari River	石狩川	268	—
18	亚洲	Nakdong River	洛东江	525	0.38
19	亚洲	Pasig River	帕西格河	27	—
20	北美洲	Mississippi River	密西西比河	6275	18
21	北美洲	Mackenzie River	马更些河	4241	10
22	北美洲	Yukon River	育空河	3185	6.4
23	北美洲	Saint Lawrence River	圣劳伦斯河	3058	17
24	北美洲	Rio Grande River	格兰德河	3057	0.068
25	北美洲	Nelson River	纳尔逊河	2570	2.4
26	北美洲	Columbia River	哥伦比亚河	2250	7.5
27	北美洲	Hudson River	哈得孙河	507	—
28	北美洲	Delaware River	特拉华河	484	0.37
29	北美洲	Potomac River	波托马克河	652	—
30	北美洲	Fraser River	弗雷泽河	1375	3.5
31	南美洲	Amazon River	亚马孙河	6400	210
32	南美洲	Parana River	巴拉那河	4880	20
33	南美洲	Tocantins River	托坎廷斯河	3650	12

序号	洲	英文名称	河流名称	河流长度/km	河流流量/ ($\times 10^3$ m³/s)
34	南美洲	Sao Francisco River	圣弗朗西斯科河	3180	2.9
35	南美洲	Orinoco River	奥里诺科河	2101	38
36	南美洲	Magdalena River	马格达莱纳河	949	—
37	非洲	Nile River	尼罗河	6650	2.9
38	非洲	Congo River	刚果河	4700	41
39	非洲	Niger River	尼日尔河	4200	5.6
40	欧洲	Danube River	多瑙河	2888	6.5
41	欧洲	Dnieper River	第聂伯河	2287	1.7
42	欧洲	Rhine River	莱茵河	1233	2.9
43	欧洲	Douro River	杜罗河	897	0.71
44	欧洲	Seine River	塞纳河	780	0.56
45	欧洲	Elbe River	易北河	1252	0.71
46	欧洲	Thames River	泰晤士河	346	0.065
47	欧洲	Tagus River	塔霍河	1038	0.05
48	欧洲	Loire River	卢瓦尔河	1020	—
49	欧洲	Neva River	涅瓦河	74	0.25
50	大洋洲	Murray River	墨累河	3672	0.77

4.3 位于低海拔地势平坦地区

50 个入海口城市海拔范围在 0～400 m，均属于低海拔地区，平均海拔仅 30.59 m（表 4.2）。其中，有 13 个入海口城市海拔低于 10 m，主要位于亚洲东南亚地区和南美洲。海拔在 10～50 m 的入海口城市最多，有 21 个，占比 42%，集中在亚洲、北美洲和欧洲。只有 5 个城市平均海拔在 150 m 以上。

表 4.2 入海口城市海拔等级划分

海拔/m	数量/个	城市
0～10	13	新奥尔良、苏利纳、鹿特丹、贝伦、曼谷、阿拉卡纳克、胡志明市、马尼拉、大布雷若、上海、东营、哈科特港、勒阿弗尔
10～50	21	阿巴丹、达卡、马塔莫罗斯、仰光、萨列哈尔德、新潟、天津、汉堡、马卡帕、泰勒姆本德、布宜诺斯艾利斯、纽约、赫尔松、南特、开罗、圣彼得堡、巴兰基亚、费城、伊努维克、伦敦、华盛顿

续表

海拔/m	数量/个	城市
50～150	11	波特兰、里斯本、波尔图、毛淡棉、莫安达、釜山、卡拉奇、广州、吉勒姆、魁北克、尼古拉耶夫斯克（庙街）
150～300	3	季克西、杜金卡、圭亚那城
>300	2	温哥华、札幌

入海口城市地形以河流三角洲平原为主，地形平坦，地势起伏度小。47个城市坡度低于5°，占比达到94%（表4.3）。大部分河流入海口坡度变化在1°以内，地表起伏平坦。入海口城市平坦的地形有利于大规模的、密集的城镇和基础设施建设，同时也容易受到海洋风暴潮、海水倒灌和洪涝灾害的影响。

表 4.3 入海口城市坡度等级划分

坡度/(°)	数量/个	城市
0～1	21	曼谷、新奥尔良、达卡、马塔莫罗斯、阿巴丹、苏利纳、上海、马尼拉、胡志明市、东营、鹿特丹、大布雷若、贝伦、哈科特港、吉勒姆、仰光、天津、布宜诺斯艾利斯、泰勒姆本德、阿拉卡纳克、马卡帕
1～2	12	汉堡、萨列哈尔德、南特、新潟、费城、赫尔松、圣彼得堡、巴兰基亚、开罗、卡拉奇、伦敦、华盛顿
2～5	14	纽约、伊努维克、圭亚那城、波特兰、魁北克、波尔图、莫安达、里斯本、杜金卡、季克西、毛淡棉、广州、尼古拉耶夫斯克（庙街）、勒阿弗尔
5～10	2	釜山、札幌
>10	1	温哥华

4.4 气温条件总体较为适宜

入海口城市地区气温条件总体适宜，年平均气温分布在–15～30℃区间。根据ERA5-Land气象数据产品气温（2 m处）数据分析1981～2020年入海口城市的年均气温（图4.3），50个入海口城市中，处于10～25℃的城市共有24个，占比48%。处于25～30℃的城市共有14个，主要包括亚洲的曼谷、仰光、胡志明市等城市，占比28%。处于0～10℃的城市共有5个，主要包括魁北克、圣彼得堡、札幌、温哥华等，占比10%。低于0℃的城市共有7个，主要包括俄罗斯的季克西、杜金卡和加拿大的伊努维克等城市，占比14%。

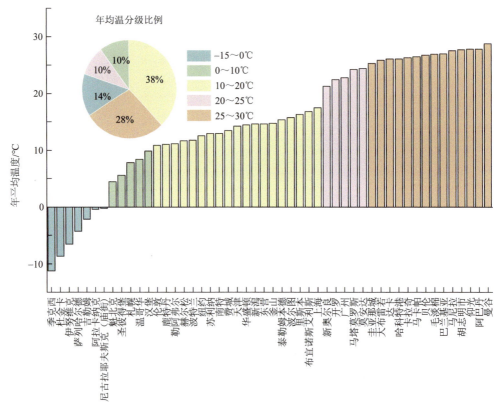

图 4.3 1981～2020 年入海口城市年均气温

数据来源：根据 ERA5-Land 气象数据产品与行政边界区域计算均值得出

4.5 多数城市降水资源较为充沛

根据干湿区划分标准，年降水量大于 800 mm 的区域划分为湿润区，年降水量大于 400 mm 小于 800 mm 的区域为半湿润区，年降水量小于 400 mm 大于 200 mm 的区域为半干旱区，年降水量小于 200 mm 的区域为干旱区（表 4.4）。基于 ERA5-Land 气象数据产品降水数据分析 1981～2020 年入海口城市的年降水量均值（图 4.4），在 50 个入海口

表 4.4 基于年降水量的干湿区域划分

干湿区划分	年降水量/mm	干湿状况
湿润区	>800	降水量>蒸发量
半湿润区	400～800	降水量>蒸发量
半干旱区	200～400	降水量<蒸发量
干旱区	<200	降水量<蒸发量

城市中，29 个入海口城市年降水量均值大于 800 mm，分布在湿润区，占比为 58%。14
个入海口城市处于 400～800 mm，分布在半湿润区，占比为 28%。其他 7 个入海口城市
分布在半干旱区和干旱区，仅占比 14%。

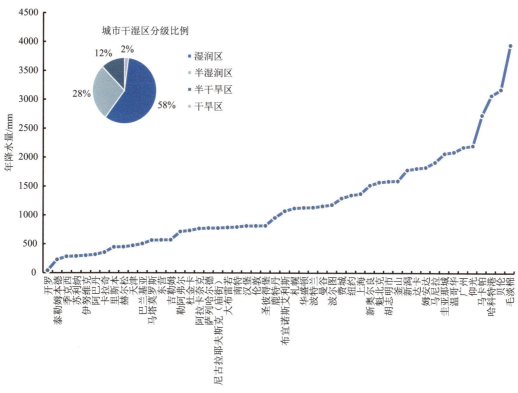

图 4.4　1981～2020 年入海口城市年降水量
数据来源：根据 ERA5-Land 气象数据产品与行政边界区域计算均值得出

4.6　生物资源禀赋优势明显

入海口城市地区植被生产力水平整体较高。植被净初级生产力（net primary
productivity，NPP）表示绿色植物在单位时间和单位面积上所能产生的有机干物质总量，
是衡量生态资源禀赋的重要指标。2020 年，50 座入海口城市 NPP 均值为 3958 kg C/
（m²·a），其中入海口城市 NPP 值较大的城市（图 4.5）主要集中在南美洲地区，主要是
圭亚那城、大布雷若、贝伦和马卡帕城市的 NPP 值超过了 9000 kg C/（m²·a）。在这 50
个城市中，NPP 值水平较高的共有 32 座，主要分布为亚洲 10 座城市、欧洲 8 座城市、
北美洲 8 座城市、南美洲 6 座。大洋洲和非洲的 4 座入海口城市的 NPP 值相较偏低。

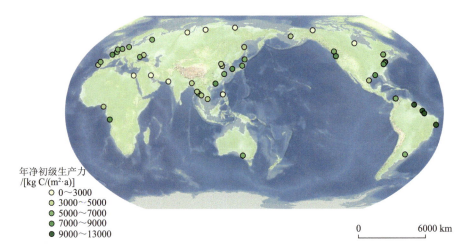

图 4.5　2020 年入海口城市年净初级生产力
数据来源：根据 MOD17A3HGF 产品提供年度净初级生产力计算区域均值得出

　　入海口城市地区生态资源丰富。根据 2020 年土地覆被数据统计得出，汇总 50 个入海口城市区域内土地覆被类型的面积比例（图 4.6）。可以看出，土地覆被结构主要包括疏林植被（21%）、落叶针叶林（17%）、常绿阔叶林（14%）、灌木地（10%）、乔木（7%）、草地（7%），水体和湿地分别占 8% 和 3%。

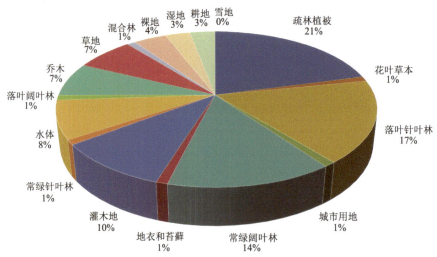

图 4.6　2020 年入海口城市土地覆被结构比例
数据来源：根据 ESA 全球土地覆被数据计算得出

5 世界入海口城市发展的
社会经济概况

5.1 人口吸引集聚能力较强

2020 年，在 50 个入海口城市中，不同城市的人口规模差异巨大。大城市数量 25 个，占比达到 50%，其中，超大特大城市 12 个，占比达到 24%（图 5.1）。人口规模超过千万的超大城市有 7 个，分别是上海、达卡、广州、卡拉奇、天津、曼谷和开罗，其中上海和达卡的人口规模超过 2000 万；人口规模超过 500 万小于 1000 万的特大城市有 5 个，分别为伦敦、胡志明市、纽约、仰光和圣彼得堡；人口规模超过 100 万小于 500 万的大城市有 12 个，分别为釜山、布宜诺斯艾利斯、温哥华、贝伦、新潟、东营、札幌、马尼拉和汉堡等；其他小于 100 万人口规模的城市共 26 个。

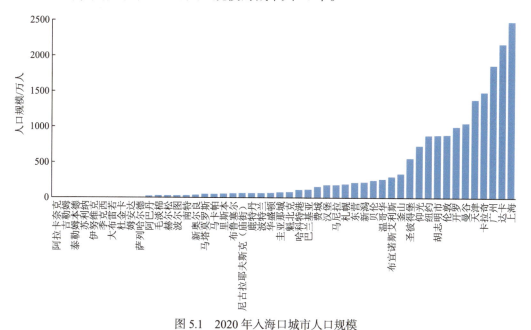

图 5.1　2020 年入海口城市人口规模
数据来源：各国人口统计局

一些入海口城市孕育形成了国家或地区的首都，包括英国首都——伦敦、美国首都——华盛顿、葡萄牙首都——里斯本、孟加拉国首都——达卡、泰国首都——曼谷市、菲律宾首都——马尼拉、埃及首都——开罗和阿根廷首都——布宜诺斯艾利斯等。

5.2　多数经济发展活跃

入海口城市经济发展活跃。因部分城市数据缺失，目前共统计了 27 个城市 2020 年的地区生产总值，17 个城市地区生产总值超过千亿美元。其中，纽约地区生产总值超过 1 万亿美元，伦敦、上海、费城、开罗和广州 5 个城市地区生产总值超过 3000 亿美元，釜山、曼谷、天津、马尼拉等 11 个城市地区生产总值在 1000 亿～3000 亿美元。札幌、布宜诺斯艾利斯等 10 个城市地区生产总值在 300 亿～1000 亿美元（图 5.2）。

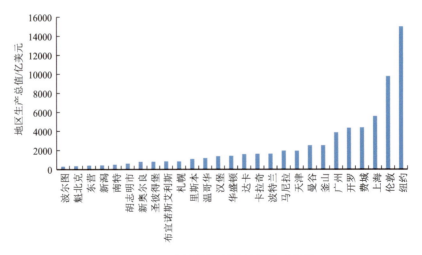

图 5.2　2020 年入海口城市地区生产总值

数据来源：各城市 2020 年官方统计数据，部分城市数据缺失

同时，这 27 个入海口城市之间也存在收入水平差异大的特征。人均地区生产总值超过 5 万美元的城市有 7 个，主要是华盛顿、纽约、波特兰等北美洲和欧洲的城市。超过 1 万美元小于 5 万美元的有 14 个，主要为一些亚洲城市，如札幌、新潟、上海、釜山、广州和东营等。非洲的开罗，亚洲的胡志明市、马尼拉和达卡等城市人均地区生产总值则较低，小于 1 万美元（图 5.3）。

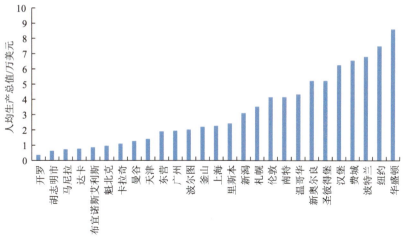

图 5.3　2020 年城市地区人均生产总值
数据来源：各城市 2020 年官方统计数据

5.3　城市开发规模强度差异显著

入海口城市的城市中心区建成面积差异显著。2015 年，入海口城市中心区建成面积较大的城市（图 5.4）主要集中在北美洲、欧洲和亚洲，包括北美洲的纽约市（3678 km²）、亚洲的广州（2771 km²）和上海（2106 km²）、欧洲的伦敦（1294 km²）等，以及南美洲的布宜诺斯艾利斯（1359 km²）。而非洲的莫安达和哈科特港，南美洲的圭亚那城和马卡帕等城市，中心区建成面积较小。

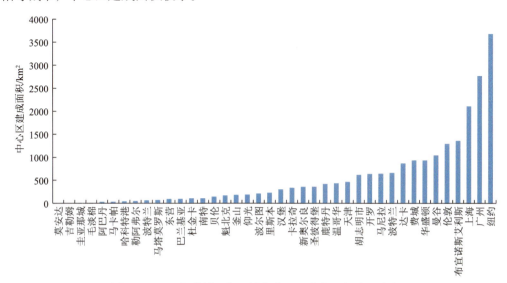

图 5.4　2015 年世界入海口城市中心区建成面积（40 个）
数据来源：全球人类居住数据集城市中心数据库（GHS-UCDB）2015

入海口城市人口密度超过 10000 人/km² 的城市有 6 个，分别为马尼拉、开罗、纽约、仰光、布宜诺斯艾利斯和达卡，其中马尼拉的人口密度高达 43000 人/km²。23 个入海口城市人口密度在 1000～5000 人/km²，人口密度在 100～1000 人/km² 范围的城市有 8 个，其他 13 个城市人口密度均小于 100 人/km²（图 5.5）。

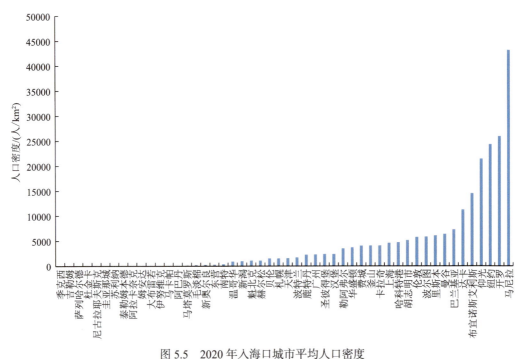

图 5.5　2020 年入海口城市平均人口密度

城市人口密度根据行政区边界及 GPW-v4 人口栅格的资料计算得出。GPW 为 Gridded Population of the World，分辨率为 30 角秒（赤道处约 1 km）的栅格数据

5.4　基础设施建设良好

交通路网密度是衡量城市交通基础设施的基础指标。2015 年，50 个入海口城市的交通路网密度均值为 3997 m/km²，基础设施建设情况较好。路网密度在 10000～20000 m/km² 的城市有 7 个，密度均值高达 14197 m/km²，为布宜诺斯艾利斯、纽约、费城、马尼拉、华盛顿、里斯本和波特兰等城市。路网密度处于 5000～10000 m/km² 的城市有 8 个，密度均值为 7534 m/km²，包括开罗、波尔图、伦敦、曼谷、仰光和上海等。路网密度在 1000～5000 m/km² 的城市有 10 个，密度均值为 2491 m/km²，主要为欧洲和亚洲的一些城市，如欧洲的汉堡、圣彼得堡、南特，亚洲的釜山、札幌、广州、达卡和天津，非洲的哈科特港和南美洲的贝伦也在其中。路网密度高于 100 m/km² 低于

1000 m/km² 的城市有 18 个，在各个大洲均有分布，密度均值为 450 m/km²。其余 7 个城市路网密度小于 100 m/km²（图 5.6）。

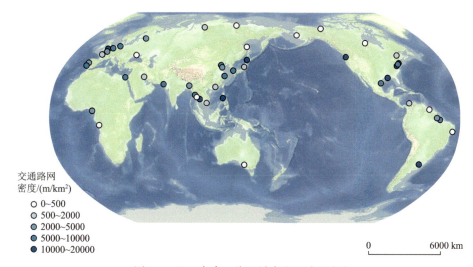

图 5.6　2015 年各入海口城市交通路网密度
数据来源：https://www.globio.info/download-grip-dataset

5.5　港口航运相对优势突出

据世界航运理事会统计（表 5.1），50 个入海口城市中入选世界港口吞吐量前 50 名的有 9 个，排名前 10 名的有 5 个。港口吞吐量排名前 50 位的入海口城市中分布在亚洲

表 5.1　入海口城市港口吞吐量　　　　（单位：100 万标准箱）

洲	国家	入海口城市	排名	2020 年	2019 年	2018 年	2017 年	2016 年
亚洲	中国	上海	1	43.5	43.3	42.01	40.23	37.13
亚洲	中国	广州	5	23.19	23.23	21.87	20.37	18.85
亚洲	韩国	釜山	6	21.59	21.99	21.66	20.49	19.85
亚洲	中国	天津	9	18.35	17.3	16	15.07	14.49
欧洲	荷兰	鹿特丹	10	14.35	14.82	14.51	13.73	12.38
欧洲	德国	汉堡	17	8.7	9.3	8.73	8.86	8.91
北美洲	美国	纽约	24	7.59	7.4	7.2	6.71	6.25
亚洲	越南	胡志明市	26	7.2	7.22	6.33	6.16	5.99
亚洲	菲律宾	马尼拉	31	4.43	5.31	5.05	4.82	4.52

数据来源：https://www.worldshipping.org/top-50-ports

的最多，分别是中国上海港（第 1 位）、中国广州港（第 5 位）、韩国釜山港（第 6 位）、中国天津港（第 9 位）、越南胡志明市港（第 26 位）、菲律宾马尼拉港（第 31 位）；欧洲的入海口城市中，荷兰鹿特丹港排名第 10 位和德国汉堡港口排名第 17 位；北美洲仅有美国纽约港排名第 24 位；大洋洲、南美洲和非洲均无港口城市在列。

5.6　积极参与国际合作交流

　　入海口城市通过加入各种国际城市联盟积极进行国际合作交流。入海口城市是受到全球变暖和气候变化干扰最敏感脆弱的地区，广州、上海、胡志明市、曼谷、卡拉奇、开罗、布宜诺斯艾利斯、纽约、费城、新奥尔良、伦敦、鹿特丹等城市就通过参与 C40城市气候领导小组的减排和可持续发展行动，推动全球城市更好地应对气候变化风险。加拿大的魁北克设有世界遗产城市联盟的总部，包括葡萄牙的波尔图、俄罗斯的圣彼得堡和法国的勒阿弗尔等城市都是世界遗产城市联盟的成员，以此互相借鉴在文化遗产保护和管理方面的先进经验。此外，很多入海口城市之间也建立了友好城市关系，共同促进合作发展，如哥伦比亚的巴兰基亚与阿根廷的布宜诺斯艾利斯就建立了友好城市关系，法国南特与日本的新潟也是友好城市关系，葡萄牙的里斯本与阿根廷的布宜诺斯艾利斯、菲律宾的马尼拉均制定了经济合作等相关合作协议。

6 世界入海口城市发展的特色模式

入海口城市之间既具有相似性，可以通过借鉴和合作推动可持续发展，又在城市发展阶段上具有较大差异。面对日益剧烈的全球变化，入海口城市需要采取不同的措施、作出积极的响应，让多样化繁荣发展成为其未来趋势。本书将入海口城市发展模式总结为 8 种特色发展模式，入海口城市多样化繁荣发展是未来趋势（图 6.1）。

图 6.1　世界入海口城市发展特色模式

6.1　开放包容的城市精神

城市精神是城市的内涵与灵魂，不仅体现了城市市民的价值共识和互动模式，而且反映出城市社会风貌和文明程度。入海口城市是河流文明和海洋文明的交汇之处，文化碰撞产生开放包容的精神文明。开放包容的城市精神促进社会融合，吸引更多人才流入，推动城市高质量发展。

一方面，入海口城市开放进取的城市精神推动了其繁荣外向的海洋经济；另一方面，频繁和广泛的对外贸易也使得城市居民更易接受和包容异质文化，并且能够主动吸收外来文化优点，结合自身社会文化融合形成独特的地域文化。例如，上海的海派文化在中国江南传统文化（吴越文化）的基础上，融合开埠后传入的对上海影响深远的源于欧美的近现代工业文明，形成了"海纳百川、有容乃大"的特性。

开放包容的城市形成热情好客的民风，是城市吸引不同地区人群流入的软实力。这种文化氛围下促进了大型演出、展览、节日活动等多种形式的文化活动的举行，使其成为城市特色。例如，新奥尔良每年都会举行全美规模最大的音乐节，吸引数以千计的各流派音乐人参加，形成多元文化融合的氛围。

6.2 高品质的宜居城市环境

城市居住环境问题一直是城市研究的热点。河流与海湾是入海口城市独特的生态资源，让入海口城市享有天然的蓝绿（亲水）空间[①]。温哥华、魁北克等入海口城市凭借宜人的居住环境，成为可持续发展城市的代表。高品质宜居城市发展模式主要包括优美的自然环境和和谐安全社区。

改善和保护河流和海湾水质，将河流和海湾纳入城市景观，可保障优美的自然环境。例如，温哥华在其城市愿景报告中提出将水作为城市景观的标志性特征以及高标准的水质要求。以弗雷泽河、格鲁吉亚海峡和巴拉德湾为依托，组成温哥华城市蓝绿空间的基础。在保障水质方面，温哥华设计和运用了大量先进创新的节水技术和供水设施，如测试和实践高性能节水技术、雨水的回收和利用、加强水资源管理和保护、升级污水处理厂等。

绿色安全社区是社会人文环境优化的核心，主要内容为建设步行生活圈和可进入的蓝绿空间。由河湖水系构成的蓝色空间和绿地系统构成的绿色空间复合构成的蓝绿空间在提升城市韧性、改善居住环境上具有重要作用。以汽车为导向的城市设计往往导致了城市蔓延，不便于步行等绿色出行方式，增加了人均碳足迹。而以步行、骑行和公共交通为导向的城市生活圈设计则更适宜人的居住生活。通过土地功能混合搭配，增加艺术、植被、社区广场等有趣的街景，让居民更加享受步行。在医疗成本上升和人口老龄化的情况下，蓝绿空间的健康益处引起城市居民的重视。提高蓝绿空间的可达性和可进入性，让更多居民享有自然带来的益处，有利于城市居民身心健康，提高生活品质。温哥华市

---

① 蓝绿空间，是指由河湖水系构成的蓝色空间和绿地系统构成的绿色空间。

中心保留了一座占地 405 km^2 的城市公园，并且致力于让所有居民都能在 5 分钟内步行到达绿道、公园和其他绿色空间，促进了生态与生活空间的融合。

高品质宜居城市环境长久保持的关键在于公众的广泛参与，保障城市在居住舒适和城市生产效率之间取得平衡。公众参与城市规划的决策和实施，不仅能够促进居民绿色消费、抵制浪费，利于绿色生活理念的普及和深入，使健康绿色成为城市文化一部分，还能在可持续城市环境的建设和发展中发挥监督作用。

6.3　创新驱动城市高质量发展

创新城市（Innovation Cities）评选了 100 个世界最具有创新力的城市，纽约、华盛顿、上海和伦敦等入海口城市排在前列。自主的原始创新能力是城市长久掌握竞争和发展主导权的核心，原始创新策源地打造离不开基础研究的支撑，需要政府长期的、大量的投入，包括科技基础设施集群和科学研究中心的建设、提升高等院校和科研院所创新能力，以及创新型人才培养等。此外，从国际交流中学习和借鉴前沿的科技与知识，再转化为自身创新和实践，也能够让城市创新能力得到迅速提升。

创新不仅是技术变革和经济范式的转变，引发的产品和生产流程的更新还包括与此相关联的制度、管理、组织形式等多领域的转变。产学研用一体化是一个基于协同创新的过程，通过协调生产、教育、科研等不同领域功能和资源，形成优势互补，使得创新成果产生经济效益和社会效益。政府财政投入和完善的制度是产学研用一体化的保障，市场则对研发具有激励作用。政府和市场共同驱动创新模式，可有效保障应用性研究和基础性研究的长久发展，让城市维持可持续的创新活力。

随着信息技术的发展，智能化、数字化让城市更高效。大数据技术已成为智能城市运作的关键，带来以物联网技术为主要载体的城市数据化浪潮，并催生出数据经济驱动的城市。数据产品和人工智能的应用节省了大量人力物力，让城市能够对公共安全、城市服务、民生、环保监测以及工商业活动等各种需求做出快速、智能的响应，提高城市运行效率。

6.4　联结沿河内陆城市与国际贸易的港城融合枢纽

许多河流入海口城市是海洋运输和内河航运的交通节点，使其发展成为航运便利的港口枢纽和国际贸易门户，如鹿特丹、汉堡、上海、釜山等。河流入海口城市依托河流与沿河城市建立紧密的联系，能够充分发挥不同地区城市的比较优势，合作共赢，推动河流上中下游联动发展。流域内城市联动发展扩大了贸易市场，使入海口城市与更多城市和地区建立联系，为入海口城市的港口运输提供了大量多样的货源，提升其在地区和全球网络中的辐射能级。

港城深度融合，可营造良好的港口生态圈。港口和城市的协调发展是保障港口经济可持续和城市繁荣发展的基础。建设办公、商业、娱乐文化与港口装卸和运输于一体的社区空间，使得港口贸易与城市生活融合。汉堡建设的港口新城（Hafen City），利用河流的优势，规划设计亲水空间，构建适应气候变化的可持续城市。港口生态圈的营造则是将重点从增加港口的客户价值转为其生态系统价值最大化，实现港口与城市的可持续发展。面对气候变化挑战，鹿特丹减缓大型公共设施建设，还地于河，增加水上空间，优化了城市的审美和生活质量。

依托河流构建发达的腹地运输网络，发展多式联运综合交通体系，有效提升运输效率，降低运输成本。大河入海口城市通过内河航运网、高速公路网和铁路网深入内陆，打通港口物流链上下游的海陆节点。鹿特丹与欧洲各国建立了发达的内河运输、铁路和公路等复合运输系统，覆盖从法国到黑海、从北欧到意大利的欧洲各发达工业区和市场。货物从鹿特丹到北欧其他城市基本都可以在 24 h 内送达，到达巴黎、汉堡只需要 8～10 h，而运至鲁尔工业区和比利时的工业区时间则更短。

6.5　建设国际金融中心

入海口城市中形成了一批以纽约、伦敦和上海等为代表的国际金融中心，在财富和价值的分配、交换和流通中处于中心控制地位，具有重要的影响力。

促进金融机构集聚，尤其是高能级金融机构集聚，形成完善的多层次金融机构体系和金融基础设施体系，有助于金融机构业务能力创新，提升金融中心的国际竞争力，增强金融中心的辐射效能。

总部经济是金融中心经济高质量发展的重要引擎，跨国公司等大公司的总部不仅流通着庞大的资金流和股票债券等金融产品，也通过产业乘数、税收贡献、消费带动、劳动就业等连锁反应推动金融中心产业升级和制度创新。发展总部经济需要不断优化营商环境，促进金融法治环境和监管体系国际化，提升金融中心吸引力。

在应对全球变暖的背景下，以碳中和目标为牵引，绿色金融也是金融中心重要的发展理念。丰富绿色信贷、绿色信托等绿色金融创新产品，通过支持金融机构和相关企业在国际市场开展绿色融资等方式激发绿色金融市场活力，积极参与国际绿色金融标准制定以完善绿色金融支持政策，打造国际绿色金融枢纽。同时，发展普惠金融，完善多元化和广覆盖的普惠金融体系，创新数字化赋能普惠金融产品和服务，促进共同富裕和社会公平。

6.6 重视生态环境保护修复

河口三角洲的地理环境较为特殊，处于河流、海洋和陆地等多种动力系统共同作用带上，是多种物质、能量体系交汇界面，地区生态系统环境较为敏感脆弱。河流入海口岸线、湿地等易受到城市活动石油污染、工业"三废"污染、农业非点源污染以及生活垃圾污染等破坏。入海口城市应遵循生态系统演替规律和内在机理，对河口三角洲生态功能退化、生态系统受损、空间格局失衡以及不合理的土地开发利用等问题进行综合治理，统筹和科学开展生态系统修复和服务价值提升。

生物多样性是维持生态系统稳定性的物质基础。保护和提高河口三角洲的生物多样性，需要重点开展植被保护、栖息地保护、陆生野生动物和水生生物保护等措施，通过恢复水系联通、加大生态补水，着力维护湿地生态系统健康。

河口三角洲污染治理是一个全流域性的、跨行政区的系统工程，需要各河段通力合作，共同修复污染的河流、海滨和湿地等自然环境。建立流域水环境监测系统，加强流域水资源统一管理、生态系统维护与建设以及环境保护。

完善国家公园保护体制。国家公园保护体制是满足保护需求与人类活动的有机结合，有助于充分挖掘和最大化生态价值。国家公园保护体制的具体实现包括：在一般控制区内划定适当区域开展自然教育、游憩活动、生态旅游、生态康养活动等，提供多样的生态产品和优质的服务。建立资源保护利用的特许权制度，将原住居民纳入自然地的保护和经营中，满足其生计需求。

6.7 积极推动文化旅游业发展

文化旅游业的繁荣依赖城市本身的资源禀赋，品位度越高的旅游资源，越能吸引国际游客。开罗、伦敦、魁北克等入海口城市依托世界自然文化遗产成为全球知名的文化旅游城市。深入挖掘历史文化底蕴的时代价值和经济价值，大力推进自然文化遗产系统保护，充分发挥文化对旅游业发展的影响与带动作用。

推动多元文化体验，丰富旅游业态，推动旅游与生态、康养、民俗文化等的有机融合，营造多元体验场景，激发文旅消费潜力。同时，提高文化资源的旅游转化能力，创新文化旅游产品。通过深入挖掘文化内涵，将其独特的历史文化价值转化成高品位的文化旅游产品。并制定相应的政策和资金扶持，形成规模化的文化产品生产，进一步创造丰富的文化资源。

按照国际旅游目的地的标准和要求，完善现有旅游景区基础设施建设，以及城市系统等配套服务设施建设。打造国际游客出入便利的海陆空交通体系，实行便利的通关流程服务，建设舒适的旅游服务环境，达到世界级标准的旅游接待设施与服务管理水平，打造入海口城市特色国际旅游目的地名片。

6.8　国际交往积极活跃

具有天然区位优势的入海口城市积极参与国际交往，是国际合作交流的重要纽带。入海口城市一方面通过活跃的国际交往，提升自身在全球网络中的层级与地位，另一方面也在积极地为解决全球性问题与事务做出贡献。

缔结城市联盟是城市共同面对和应对挑战的重要方式，提供了多样化的合作交流平台。例如，针对城市可持续发展所面临的难题，全球已成立了 200 多个多尺度跨区域的城市网络，打破了城市静态且孤立的科学实践和政策格局，促进不同城市间互相学习和借鉴。友好城市结对也是城市对外交往的主要方式之一，其一般通过在政治经济、科技教育、环境保护等多领域积极开展双边或多边交流合作实现共赢。

国际组织是国际事务管理者、组织协调者和国际资源调配者，在全球事务中发挥着越来越重要的作用，具有显著的溢出效应。积极争取有影响力的国际组织入驻，进一步提升城市的知名度和国际影响力，有助于在具有发展优势、未来热点等行业领域，获取更多主导权和先发优势。例如，广州作为世界大都市协会（World Association of the Major Metropolises）亚太地区总部所在地，负责统筹了 64 个亚太城市的国际交往与合作，开拓了城市多边交往，同时获得丰富的资金技术资源、全球政治影响和城市协作资源。

在全球化背景下，入海口城市通过承办国际赛事和会议等活动，不仅促进了文化、经济、科技等多元资源的交互，还加速了各类创新要素的流通。这些活动为城市提供了展示平台，推动社会文化的多元化发展，提升市民的全球视野。此外，国际活动的举办也扩大了城市的对外交往和形象推广，进一步提升了城市在国际舞台上的影响力和国际化水平。

7 入海口城市典型案例

7.1 鹿 特 丹

7.1.1 自然地理特征

7.1.1.1 地理位置与面积

鹿特丹（Rotterdam）位于荷兰的南荷兰省[60]，中心位置坐标为 51°55′N，4°29′E。鹿特丹是荷兰第二大城市，欧洲第一大港口，亚欧大陆桥的西桥头堡。鹿特丹是连接欧、美、亚、非、大洋五大洲的重要港口，素有"欧洲门户"之称。整座城市展布在马斯河两岸，距北海约 25 km，有新水道与北海相连。港区水域深广，内河航船可通行无阻，外港深水码头可停泊巨型货轮和超级邮轮（图 7.1）。

图 7.1　鹿特丹卫星图

城市面积为 658 km²（2015 年），建成区面积为 419 km²（2015 年）。除市中心外鹿特丹还管辖沙尔洛斯（Charlois）、代尔夫斯哈芬（Delfshaven）和费耶诺德（Feijenoord）等 14 个城镇，同时还包括博特莱克（Botlek）、埃姆哈芬港区（Eemhaven）、欧罗波特（Europoort）、马斯维拉克特（Maasvlakte）等工业和港口地区。

7.1.1.2　地形地貌特征

鹿特丹的名字来自在市中心注入新马斯河的小河鹿特河和荷兰语 Dam（坝），地势平坦，位于荷兰低地区，低于海平面 7 m 左右。

7.1.1.3　水资源概况

鹿特丹素有"水城"之称，近 90% 的土地海拔低于海平面，长期受到河流洪水和海洋洪水的威胁，加之气候变化带来的负面影响与水密切相关，包括海平面上升、持续增加的强降雨和干旱等风险都使这座海岸城市面临着日益严峻的挑战。

由于荷兰地势低洼，河道纵横，上游水量丰富，在汛期受风暴潮灾害影响严重。1953 年北海风暴冲破了西南部海堤造成大型洪灾，随后政府出台了一项防洪计划，命名为"三角洲工程"（也称为"北海大坝工程"），目的就是治理这个富庶的三角洲地区。该工程是一项大型挡潮和海口控制工程，建设地点在荷兰西南部的韦斯特恩尔德的新水道口上，主要包括两扇巨大的防潮闸大门、平时存放防潮闸大门用的船坞、水道河床的平整、移动防潮闸大门及其供水排水的电力设施以及计算机信息管理系统等几个部分。它的建成使位于福克角三角洲以上的鹿特丹地区 100 多万居民免受风暴潮灾害之苦。鹿特丹三角洲工程是迄今为止世界最大、最为壮观的防潮工程。

鹿特丹降水量相对丰富，每年约 880 mm，常年降水并且在各个季节分布较为均匀[61]。雨季多为秋天，而雨量最少的是春天。降雨通常以短阵雨或毛毛雨的形式出现（图 7.2）。

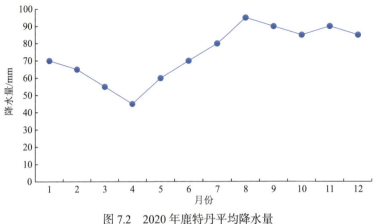

图 7.2　2020 年鹿特丹平均降水量

7.1.1.4　气候概况

鹿特丹的气候属于温带海洋性气候，是典型的荷兰海岸城市，相对内陆地区较为湿润。鹿特丹夏季气温时常突破30℃，冬季也常低于–5℃（图7.3）。平均温度范围从1月和2月的4℃到7月和8月的18℃。

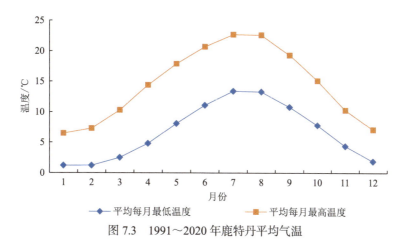

图7.3　1991~2020年鹿特丹平均气温

鹿特丹没有太多的阳光，尤其是从11月到2月，5月到8月阳光会较为充沛[61]（表7.1）。

表 7.1　2020 年鹿特丹日照时间　　　　　　　　　　（单位：h）

月份	平均日照时间	总和
1	2.5	70
2	3.5	95
3	4.5	145
4	6.5	190
5	7	225
6	7	215
7	7	220
8	6.5	200
9	5	150
10	4	120
11	2	65
12	2	55
年平均	4.8	1750

7.1.1.5　能矿资源

荷兰大部分地区自然资源较为贫乏，鹿特丹也不例外，其原材料如石油、矿石、煤炭等主要依靠进口。自 20 世纪 40 年代末以来，鹿特丹的石油加工或石化工业的重要性与日俱增。英国石油公司、埃克森美孚公司、海湾石油（中国）有限公司等跨国公司在鹿特丹建立了炼油基地。通过管道运输，鹿特丹将海运原油、炼油厂产品、乙烯和天然气以及石脑油输送到阿姆斯特丹、林堡省、泽兰岛南部岛屿地区、比利时安特卫普市和德国。

7.1.1.6 生态资源

鹿特丹拥有 200 多种独特的植物和动物物种。鹿特丹港口位于海岸河流三角洲的地理位置使该港口成为沿海物种的完美生物群落，如纳特杰克蟾蜍、各种兰花和洄游鱼类，如鳗鱼和鲑鱼等。

7.1.2 社会经济特征

7.1.2.1 经济发展

根据世界银行（World Bank）提供数据，鹿特丹都市区地区生产总值从 2000 年的 4968.8 亿欧元上升至 2019 年的 8812.1 亿欧元，经济生产总量稳步上升，属于高收入水平（图 7.4）。经济年均增长率从 2000～2005 年的 4.7%下降至 2010～2015 年的 1.4%，回升至 2015～2019 年的 3.5%。

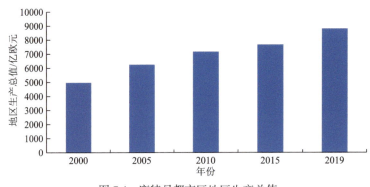

图 7.4 鹿特丹都市区地区生产总值

鹿特丹的主导产业是：①临港工业。鹿特丹港大力发展临港产业促进陆海统筹和港城融合发展。鹿特丹港完善的投资环境和优惠的税收政策，吸引了多家世界 500 强企业和近 4000 家企业入驻，形成了重化工业、装备制造业、海产品加工业和航运服务业等产业基地，促进了临港工业的发展和临港产业带的形成，带动港口经济的纵深发展，促进了港口与腹地经济一体化发展，进一步扩大了海洋经济的辐射带动能力，实现了陆海统筹、港城融合发展。②物流业。港区建有几千公顷的大型物流园区，同时在内陆地区建有众多"干港"，增强了港口的吞吐能力。港口与内陆腹地的交通运输便利，"一站式"

现代综合配套服务和完备的全程供应链服务体系，促进了临港工业和物流业高度融合与一体化发展，增加了临港产业的附加价值，提升了临港产业的国际竞争力。

鹿特丹设有大型银行、保险、批发和国际贸易中心机构。为了适应大宗货物过境、储存转运、分销的需要，港区设免税存货的保税仓库，以吸引客商进货并待机销售。鹿特丹的工业以与港口有关的炼油和石油化工为基础。利用大量输入的原油和其他工业原料，建成了大型炼油企业以及造船、汽车装配、电子等其他轻重工业，港口和工业相结合的强大的"口工业综合体"。各种工业产品供应国内和西欧国家，扩大了鹿特丹的出口范围。

鹿特丹人文资源丰富，是世界性旅游胜地，其旧城中心戴尔福斯哈温和新市中心的超现代化和未来主义建筑举世闻名，港口附近的高 185 m 的"伏洛马斯特"观望塔是一大观光胜景。此外，如童堤镇古老的大风车、哥达镇的早期建筑等都是鹿特丹名胜，吸引了大量境内外游客。

7.1.2.2　人口

2022 年，鹿特丹人口为 1014675 人，是荷兰第二大城市（图 7.5），鹿特丹的总面积为 658 km² （2015 年）。人口密度接近 1542 人/km² [62]。

图 7.5　1950～2022 年鹿特丹人口

7.1.2.3　交通基础设施建设

鹿特丹市内交通十分方便，有公共汽车、有轨电车、地铁和各类船只。乘车经常要过桥、过河，在河网里穿梭行驶。

公路：纵横交错、四通八达的稠密的公路网，将鹿特丹与欧洲所有的大城市连接起来，从鹿特丹出发，只需 8～10 h 就可以到达巴黎、法兰克福和汉堡，到达德国的主要工业区鲁尔地带和比利时大部分地区所需的时间更短，即使是北欧这样较远的地区也可以在 24 h 之内到达。

驳船：由于运价低等原因，鹿特丹驳船集装箱运输得到了迅速发展。几乎每天都有驳船将集装箱由鹿特丹运至莱茵河沿岸各集装箱码头。随着集装箱运输的发展，内陆集装箱码头开始大量出现。近年来，在欧洲，尤其是莱茵河沿岸，已兴建了 32 个集装箱码头。20 世纪 90 年代以来，鹿特丹开始实施新的扩能计划，建造 10 万～15 万 t 级的第五、第六代集装箱码头。到 2010 年，集装箱吞吐能力将达 600 万标准箱，以确保欧洲最大集装箱运输中心的地位。1957 年，由于港口极大的扩建，鹿特丹人想出"欧洲之门港"这个名称，这意味着他们想将其打造为"欧洲的大门"。自 1963 年鹿特丹就可被称为世界最大港口和仓库地。集装箱尺寸的标准化以及城市对集装箱转载的大量投资，促成了鹿特丹强大的集装箱装卸能力，其可在马斯平地港的码头上毫无困难地装卸世界上最大的集装箱船，以在远东世界经济国中具有较强竞争力。

位于博列克水道中的卡兰桥后的不列颠港是以装卸（多为日本）汽车为主的港口。自 1936 年以来，石油港的数量和面积不断发展，以佩尔尼斯和马斯平地港为代表，港上主要分布有大量炼油厂。瓦尔港内主要装卸零装货，多"流动"转载，方便直接转为内河航运船。

铁路：鹿特丹几乎每天都有一系列的集装箱列车向欧洲各地发车，构成了较通畅的国内及通往比利时和法国的铁路体系。夜间每小时有去往代尔夫特、海牙、莱顿、阿姆斯特丹和乌德勒支的班车。

地铁：鹿特丹第一条地铁线也是荷兰第一条地铁线，自 1968 年开始投入营运。目前鹿特丹共有 A、B、C、D、E 五条地铁路线。

航空：鹿特丹海牙机场位于城市西北部，是荷兰的第三大机场。

7.1.2.4 港口及物流

鹿特丹港位于莱茵河与马斯河河口，西依北海，东溯莱茵河、多瑙河，可通至里海。第二次世界大战后，随着欧洲经济复兴和共同市场的建立，鹿特丹港凭借优越的地理位置得到迅速发展：1961 年，吞吐量首次超过纽约港（1.8 亿 t），成为世界第一大港。此后一直保持世界第一大港地位。2000 年，吞吐量达 3.2 亿 t，创最高纪录。优越的区位条件成就了鹿特丹繁荣的港口物流业。鹿特丹是欧洲最大的港口，它是远洋货物进出欧洲的大门。鹿特丹港码头岸线总长约 44 km，港区面积约 100 km^2，码头总长 42 km，吃水最深处达 22 m，可停泊 54.5 万 t 的特大油轮，每年有 3 万多艘航海船只和 11 万艘内陆船只抵港。鹿特丹港有世界最先进的自动化集装箱码头，年运输量达 640 万标准箱，居世界第四位。鹿特丹港就业人口 7 万余人，占全国就业人口的 1.4%，货运量占全国的 78%，总产值达 120 亿荷兰盾，约占荷兰 GDP 的 2.5%。2021 年鹿特丹港货物吞吐量为

4.69 亿 t，位列欧洲第一，完成集装箱吞吐量为 1530 万标准箱，位列世界第十一。港区占地面积约 120 km²，其中一半属于临港产业和商业网点，2021 年鹿特丹港口海港净税收入达到 2.47 亿欧元。港区基础设施归鹿特丹市政府所有，日常港务管理由鹿特丹港务局负责，各类公司承租港区基础设施发展业务。

鹿特丹港区服务最大的特点是储、运、销一条龙。通过一些保税仓库和货物分拨中心进行储运和再加工，提高货物的附加值。从鹿特丹货物可以装入海轮、河轮、火车和汽车，形成了公路、铁路、河道、空运、海运等多种运输路线结合的综合交通运输体系，将货物送到荷兰和欧洲的目的地。鹿特丹港航道无闸，冬季不冻，泥沙不淤，常年不受风浪侵袭，实行杂货、石油、煤炭、矿砂、粮食、化工、散装、集装箱专业化装卸。莱茵河和马斯河联通了鹿特丹与欧洲内陆。港口货物的运输干线莱茵河、高速公路、港口铁路与国内外交通网相连。进港原油除经莱茵河转运外，还铺设运输油管道直通阿姆斯特丹以及德国、比利时。大宗过境货运占货运总量的 85%，其中原油和石油制品占 70%，其余为矿石、煤炭、粮食、化肥等。进出口主要对象国为德国、法国、意大利等欧盟国家和英国。

7.1.3 城市发展特色

7.1.3.1 注重港航业统筹谋划

从发展目标、产业路径和运作模式三方面进行总体规划。鹿特丹市根据港口的比较优势和城市的社会经济特征制定了以 20 年为周期的长期发展规划；根据国际航运业发展态势和港口产业链成熟程度制定了每 5 年更新一次的港航业规划；根据港口填海造地和基础设施建设情况，针对码头作业和企业入驻制定了岸线资源利用规划。港航业的这种顶层设计为鹿特丹港航业的发展提供了清晰稳定的政策框架和目标指引。

注重港口物流与临港产业互动发展。鹿特丹港一方面优化港口传统物流服务，推进物流业智能发展、绿色发展，另一方面对港口及区域物流资源进行整合，兴建产业园区并引导港航企业进园开展增值服务。产业区入驻企业类型齐全，基本覆盖港航业全产业链，发达的腹地经济又为港口物流提供强大支撑。鹿特丹港物流链和产业链紧密交织，各类资源要素得到充分利用，临港经济运行成本大为降低。在产业集聚效应的推动下，鹿特丹形成了港口物流与临港产业互动发展、临港经济与腹地经济双向促进的态势[63]。

7.1.3.2 实施创新战略保持竞争力

进入 21 世纪以后，鹿特丹港在规模上先后被上海、宁波、香港等地超越，但其在国际航运中仍是最具竞争力的港口之一。鹿特丹港对于自身发展有着清晰的战略定位，其核心目标不是提升货物吞吐能力和港口规模，而是要在打造全球一流的智能港口、绿色港口方面保持世界领先地位。鹿特丹港多年以前就开始采用电子数据交换（electronic data interchange system，EDI）系统向从事港口相关经营活动的各类主体提供交易服务、增值技术服务和信息支持；港口海关对于到港货物采取"一站式"抽查联检，其采用的危险货物评估系统、集装箱电子扫描和移动扫描系统高效、便捷，通关查验便利化、人性化程度高。此外，对于进驻产业园区从事创意设计、科技创新的企业，鹿特丹港还通过可协商的具有一定灵活性的税收政策加以扶持鼓励。在管理理念创新、技术手段革新的牵引之下，鹿特丹港的比较优势始终能够得到最大程度发挥。

鹿特丹港是高标准国际自由贸易港。受欧盟《欧亚经济联盟海关法典》的约束，鹿特丹港与传统意义上"境内关外"的自由贸易港不同，由于欧盟国家间建立了统一的关税区，是一个统一的大市场，鹿特丹港区内没有设置海关特殊监管区域，仅在境内设置保税仓库，港区适用欧盟关于投资、金融、税收等方面的法律法规，不享受特殊优惠政策。尽管来自欧盟外的货物进入鹿特丹港需要缴纳关税、增值税等，但鹿特丹港采取了较为自由便利的保税措施，使之成为事实上的高标准国际自由贸易港。

7.1.3.3 港口运营管理体制机制完善

鹿特丹港务局采取"地主港"管理模式，其作为特许经营机构，代表国家拥有港区范围内的土地、航道、岸线及基础设施的产权，以租赁方式把港口码头租给国内外港口经营企业或航运公司经营，实行产权和经营权分离。作为港口管理运营主体，鹿特丹港务局不以营利为目的、不参与市场竞争。这种"地主港"的经营管理模式确保了鹿特丹港务局对港口土地资源和码头岸线资源的有效控制和高效利用，为其提供了长期、稳定的资金收入来源。港务局对港区规划、港区规章制度、土地出租、港区入驻企业选择以及港区内经营活动等有较大话语权，但本身不参与港口码头的经营活动。鹿特丹港务局在招商引资方面针对性强，只有那些符合其长远战略规划而且能与周边相邻企业形成良性互补的企业才能被选择进驻港区。

合理的运营模式提升港口的国际竞争力。鹿特丹港务局采用产权和经营权相分离的运营管理模式，推动港口的国际化建设。政府拥有港区产权，特许经营机构拥有经营权。鹿特丹港务公司负责鹿特丹港的开发管理，市政府拥有该公司的全部股权，营业收入重新投入到港口建设之中，以土地运作实现滚动开发。

优化营商环境。鹿特丹港积极优化营商环境，设立保税仓库，简化入关手续，商品自由出入港口等优惠政策吸引了大量的过境贸易，由于鹿特丹港75%的业务为转口贸易，场地租赁和港口使用费用成为鹿特丹港两个重要收入来源，占比高达96%以上，促进了鹿特丹港的建设和快速发展。

7.1.3.4 完善城市基础设施

第二次世界大战期间，鹿特丹遭受了巨大破坏。在 1940 年德国空军轰炸中，整个市中心和东部广大地区完全被破坏，仅有市政府、邮政总局、股票交易所、波伊曼斯博物馆等建筑残留下来。1944 年，德军撤退中总长约为 7700 m 的远洋货轮码头区和约 40% 的码头设备遭到破坏。战后，鹿特丹迅速开始城市重建。但由于缺乏统筹规划，过于关注经济功能的恢复，完全忽略了城市的文化重建。进入 20 世纪 80 年代，荷兰在全国空间规划中强调文化对城市发展的重要意义。从此，"重构文化认同、拼接城市记忆"成为鹿特丹城市规划的核心理念。从 1985 年中心城区规划首次提出文化主题片区开始，经过 30 多年的发展，鹿特丹已经形成了覆盖城市中心，全面展示和传承城市记忆的大文博区，包含四个主题鲜明，定位差异的片区，以四大片区为主体，鹿特丹逐渐拼接起破碎的城市记忆，构成了面向世界的"文化会客厅"。正如文化专项规划《紧凑文化都心 2020》所描述的，"通过高品质的文化设施，在城市中心积累文化资本，形成属于鹿特丹的文化认同，向居民、游客、投资者传递属于城市的文化、记忆和历史，是打造城市会客厅的关键[64]。"

鹿特丹被评为欧洲连接最紧密的城市。鹿特丹拥有高质量的基础设施、便捷的机场和海港，以及与世界各地城市的多条连接。在荷兰，自行车是一种常见的交通工具，鹿特丹提供宽阔的自行车道，覆盖整个城市，并设有免费自行车停车场。

根据 2016~2017 年全球竞争力报告，荷兰拥有世界上最好的港口基础设施。鹿特丹港每年在港口基础设施方面投资超过 1.5 亿欧元，以确保其服务质量。港口完备的基础设施加快了鹿特丹港成为国际区域性物流枢纽港[65]。鹿特丹港重视港口存储和集疏运设施建设的统一规划和布局。港区内建有分类码头，以提高码头效率。其中，鹿特丹港的原油码头是欧洲最大的原油码头。广阔的腹地经济市场也增强了鹿特丹港口的国际竞争力。美、欧、日及亚洲其他一些国家在此设立贸易中心和配给中心。电子信息技术的应用大幅提高了鹿特丹港运营效率。鹿特丹港大力推广电子信息技术应用，大幅提升了港口运营效率。例如，"电子商务网络"系统实现了对港口的全方位实时管理，"货运信息卡"记录了所有货运信息，极大地提高了通关效率。"一站式"综合配套服务大幅提升了服务效率。鹿特丹港为满足物流服务供需双方的需求，建立了加工、仓储、运输、配送、金融服务等全程供应链服务体系，提供"一站式"现代综合配套服务，降低了港口运营成本，提升了港口的综合服务效率，形成强大的规模经济、共生经济和创新经济等聚集效应，促进了港口所在城市与腹地经济的协同发展，辐射带动能力增强[1]。

---

① 马耳他、荷兰鹿特丹港调研的收获与启示. https://www.nanhai.org.cn/info-detail/23/6476.html [2022-10-12].

7.1.3.5 提升水系统规划与城市韧性

鹿特丹是适应气候变化的一个出色案例。荷兰超过 60% 的国土位于海平面以下，这使其在水资源管理方面享誉世界。身居一片泥泞的低地之上，鹿特丹人并没有与水对抗，荷兰分别于 1993 年、1995 年发生了两次洪水事件，这两次的经验转换了过去完全仰赖工程手段的治水策略，构建与水共生（living with water）策略，成为荷兰由上到下决策单位在面对都市水议题上共同的目标。同时，根据 2006 年荷兰皇家气象研究所（KNMI）出版的报告，至 2100 年，荷兰地区的海平面会上升 0.35～0.85 m，若加上地层下陷的因素，海平面上升将达到 2.5～5 m，以 3.25 m 为平均[66]。如此一来，预估鹿特丹的水患威胁会较目前升高十倍以上，原有的海闸也将无法有效保护鹿特丹地区。在气候变化背景下，鹿特丹市以发展适应（adaptation）、减缓（mitigation）能力及进行大型公共建设为主，如"还地于河"，由中央政府及省政府主导，地方政府配合执行，这也是韧性城市各政府层级分工上很好借鉴。

在中央层级，"还地于河"政策于 2007 开始执行，利用都市规划，流域管理与河道工程等手段，提供更多空间给水，同时也鼓励地方团队推动各种与水共生的创新性研究。地方层面，鹿特丹气候倡议（RCI）是一个积极推动适应发展的非永久性跨部会联盟，同时也是一个协商平台，帮助中央单位、鹿特丹市府、鹿特丹港、公会与环保团体等机构合作、消弭冲突以及寻求双赢与经济价值。

充分利用水的优势，挖掘港口，开辟新航道。鹿特丹建造了 219000 m² 的绿色屋顶，除了作为休闲活动的舒适空间外，还可以吸收至少 82 t 的二氧化碳，每平方米可在暴雨时保留 15 L 水。停车场兼作集水池，可储存 1000 万 L 水。同样，鹿特丹雨水广场兼作游乐场能够储存 180 万 L 水。这些改造减轻了下水道系统的负担和城市洪水的风险，同时为市民提供了新的休闲时间空间，从而提高了城市的审美和生活质量。作为一个三角洲城市，鹿特丹是在适应环境变化方面的一个优秀案例。2015 年，鹿特丹凭借其城市适应气候变化的出色战略，成为荣获 C40 城市气候领导小组表彰的 C40 城市奖的全球 10 个城市之一。

7.1.3.6 探索可持续发展路径

鹿特丹当前正着眼于可持续未来的创新，重点投资可持续发展项目，如莱茵港的可回收浮动公园和斯塔加斯的从剩余的食物中制造沼气项目等。

鹿特丹港是欧洲最大的港口，其正在通过改善热力联盟和控制其碳足迹成为世界上最可持续的港口。鹿特丹港致力于引领能源转型，并成为港口本身可持续发展的加速器。因此，鹿特丹港务局决定加快减少自身运营产生的二氧化碳排放量。鹿特丹港务局本身的碳减排目标是到 2025 年减少 75%，到 2030 年比 2019 年减少 90%。同时未来三十年内的目标是实现二氧化碳中和能源管理和完全循环的工业。很快，石油、天然气和煤炭将不再被用作能源或原材料。实现二氧化碳中和循环港口的能源转型战略有四大支柱：①提高现有工业的效率，并建立（额外的）热、二氧化碳、电力和氢气基础设施；②通过从化石燃料转向绿色电力和氢气来更新能源系统；③转向新的材料和燃料系统；④使运输更具可持续性。支柱部门内正在进行的项目以及氢气和生物燃料的生产共同减少了2300 万 t 的二氧化碳。这相当于荷兰 2030 年二氧化碳减排总量目标（6500 万 t）的 35%。

7.2 汉　　堡

7.2.1　自然地理特征

7.2.1.1　地理位置与面积

汉堡全称为自由汉莎汉堡市（Freie und Hansestadt Hamburg），是德国三大州级市之一，处于东西南北欧的交界地带，是全球重要的港口城市。其内部共分为 7 个行政区，分别是汉堡市中心（Center）、阿尔托纳（Altona）、爱斯布图勒（Eimsbüttel）、汉堡北（Hamburg-Nord）、万茨贝克（Wandsbek）、伯格多夫（Bergedorf）和哈尔堡（Harburg）[67]。

汉堡地理坐标为 53°33′N，10°0′E，其位于德国北部易北河谷下游低地，紧靠北海和波罗的海，离北海入口处约 100 km（图 7.6）。天然的港口延伸到整个宽阔的易北河，主要分布在南岸[68]。

图 7.6　汉堡卫星图

汉堡城市面积共 755.10 km²，其中建设用地面积为 351.64 km²，占据总面积的 46.6%；用于运输的土地面积为 92.70 km²，占据总面积的 12.3%；用于绿化的土地面积为 248.63 km²，占据总面积的 32.9%；水域面积约为 62.13 km²，占据总面积的 8.2%。其中建设用地分为居住用地、工商业用地、运动休闲区、墓地、其他定居地区以及交通用地，分别占据建设用地总面积的 38.2%、15.8%、14.6%、1.9%、8.6%和 20.9%[68]。

7.2.1.2 地形地貌特征

汉堡处于北德的沿海平原，地面平坦开阔，地势起伏不明显（图 7.7）。其最低海拔为–3 m，最高海拔为 160 m，平均海拔为 25 m。其中新格拉本-菲施贝克（Neugraben-Fischbek）为汉堡海拔最高处。

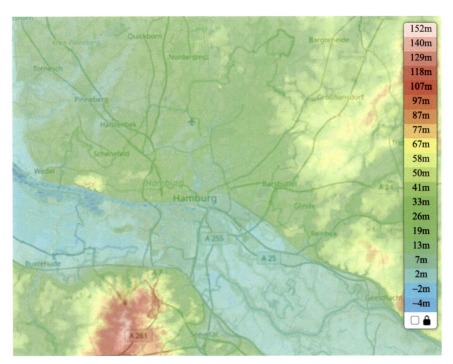

图 7.7 汉堡地形图

数据来源：topographic-map.com

7.2.1.3 水资源概况

汉堡的中心即是一个湖泊，占地 184 km²，由阿尔斯特河（Alster）的筑坝形成，并被伦巴第斯布鲁克分为宾纳尔斯特（内阿尔斯特）和奥森阿尔斯特（外阿尔斯特）。在旧城的东南部，易北河分为两条支流，分别为诺德雷尔贝河（Norderelbe）和苏德雷尔贝河（Süderelbe）。这些支流再次在旧城以西的阿通纳对面相遇，形成翁特雷尔贝（Unterelbe）

河，从汉堡下游约 65 mi①处流入北海。另外两条河流在汉堡流入易北河北部的阿尔斯特河和东部的比勒河（Bille）②。

由此可见，汉堡拥有纵横贯通的运河水系，水资源极其丰富。对于城市部分而言，其水体区域面积占据主城区的 1/3 以上，滨水公共空间承载着汉堡市民大部分的户外活动。然而过密的水网也曾使汉堡遭遇多次洪水侵袭，因此防波堤以及建设严格遵守防洪标准的建筑是汉堡合理利用水资源的过程中必不可少的一环。

7.2.1.4 气候概况

汉堡属于温带海洋性气候，终年温和湿润，冬季温暖，姗姗来迟的春季和相对凉爽的夏季。冬季平均气温为 1.2℃，夏季平均气温为 16.9℃（图 7.8）。根据 1985～2015 年的历史气象数据，7 月普遍最热，平均 18℃；1 月普遍最冷，平均 2℃。

近年来受到全球变暖的影响，汉堡气候变化十分剧烈，且夏天气温越来越高。

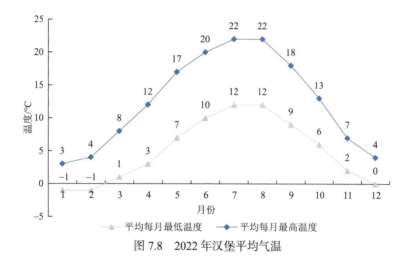

图 7.8　2022 年汉堡平均气温

汉堡日照时间较为充足。平均而言，5 月和 7 月是阳光最充足的季节，月平均日照超过 220 h。冬季 12 月的平均日照时间最少，为 38 h。

汉堡年降水（包括雨、雪）量保持在每年 788 mm 左右。2022 年，7 月降水量最多，为 82 mm；4 月降水量最少，为 42 mm（图 7.9）。

---

① 1 mi = 1.609 344 km。

② Floor areas in hamburg on 31. 12. 2021 by type of actual use. https://www.statistik-nord.de/fileadmin/Dokumente/ Statistische_Berichte/andere_statistiken/A_V_1_H_gebiet_flaeche/A_V_1_j21_HH.pdf[2022.10.21].

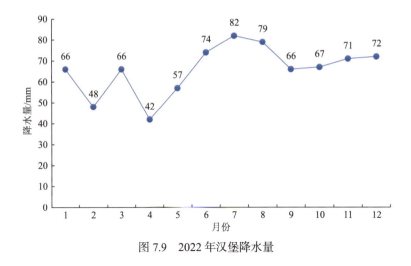

图 7.9　2022 年汉堡降水量

一年中，汉堡的每月降雨（或雪）天数十分均衡，各个月份降雨（或雪）天数都维持在 8～15 天。

汉堡平均风力相对较强，2022 年，冬季 12 月和 1 月风速达到 5 级，夏季 6 月和 8 月稳定在 3 级左右，风向为西南，风力相对较为平缓。其余月份的风速基本保持在 4 级（图 7.10）。

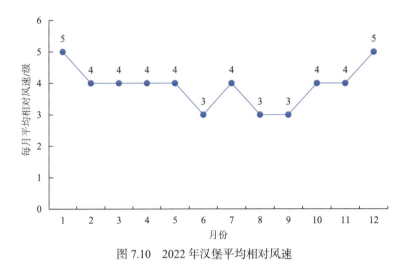

图 7.10　2022 年汉堡平均相对风速

汉堡邻近北海和波罗的海，潮汐现象频繁，每日涨退潮两次。汉堡的潮汐现象基本上受大西洋潮汐的控制，来自大西洋的潮汐信号在不同时间到达德国北海沿岸的不同地方。

在应对全球气候变化方面，汉堡从 1990 年到 2006 年实现了 18% 的碳减排，从 2006 年到 2020 年实现了 40% 的碳减排[69]。

7.2.1.5 土地资源

汉堡土地资源丰富，土壤肥沃。其诺因费尔德、克兰茨和弗朗科普区（districts of Neuenfelde，Cranz and Francop）属于高农业产出的阿尔特斯土地地区（Altes land）。这是一片肥沃的沼泽地，种植面积约为 10500 km^2，目前是欧洲最大的水果种植区之一。阿尔特斯土地地区生长着大约 1000 万棵果树，其中 90%是苹果，6%是樱桃，其余 4%是梨、李子和浆果[①]。

汉堡用地布局呈现沿轴线放射而形成的环形圈层布局。南部的市中心区域为港口，港口和工业设施等沿主要水道布置；北部为湖区，以阿尔斯特湖为核心；沿湖为居住用地、商业用地和绿地；在城市发展区和外城之间则为大型的环状绿地。

汉堡在利用土地的过程中注重"蓝绿交融"，城市内部有长达 60 km 的水道以及 2625 km^2 的公园和墓园。城市整体土地利用中，24%为农业用地，8%为水域，7%为森林，8%为自然保护区，23%为风景保护区。水系、绿地、建筑比例基本保持 1∶1∶1，全市绿化覆盖率在 56%以上，拥有 120 多座公园，21.5 万棵城市树木，城区范围内有 40%以上的面积为耕地、园畦、草地、牧场、疗养区、街心花园、森林、沼泽和荒野等。政府部门遵循可持续发展理念，严格限制新的土地开发利用，保护自然基底[70]。

7.2.1.6 能矿资源

1）风能

汉堡的风力资源较丰富，但由于受最小距离和最小噪声限制，汉堡可以建造风电设备的空间有限。截至 2018 年，汉堡有 65 台风力涡轮机，共计 128 MW，风力发电量为 300 MW·h，占发电总量 2.5%。汉堡现有的风力发电量每年可以满足 5 万多个家庭的用电需求，为减少碳排放做出了一定贡献。

2）沼气

汉堡港的污水处理厂是德国最大的污水处理厂，负责 200 万人生活污水的机械处理和生物处理。处理干净的废水将被排入易北河，污水污泥被输送到污水处理厂的沼气池进行发酵，分解成甲烷、二氧化碳和水。每天产生的沼气大约 9.5 万 m^3，经洗净后馈入天然气网络。

3）电能

汉堡能源公司开发了 HYPE 虚拟电厂智慧平台[71]。该虚拟电厂通过控制系统使发电量和用电量保持平衡，除了对能源发电量的波动进行预测，还可以通过分析天气数据对

---

① Altes land: About the region. https://www.hamburg.com/ altes-land/15321792/about-altes-land/[2022-10-12].

发电量进行预测。汉堡的电力 100%采用可再生能源供电，这要求电网具有很高的灵活性，通过虚拟电厂平台及时调节电厂出电水平来保持发电与消耗平衡，避免电力过剩或不足的情况，为可再生能源供电的稳定性和可靠性提供保障。

4）太阳能

截至 2018 年末，汉堡能源公司运营 30 多个太阳能光伏系统，总装机量 12.3MW，可覆盖 4300 户家庭的用电需求[71]。

7.2.1.7 生态资源

汉堡位于易北河分叉处，独特的地理位置以及这条潮汐河的影响使汉堡具有丰富的生物多样性。其拥有的动物种类大到马鹿和灰海豹等，小到蝙蝠、鼩鼱等，还包括棕色野兔、榛子睡鼠和勃兰特蝙蝠等稀有动物。为保护生物资源，汉堡市政当局会进行有补贴的租赁住房建设，建筑结构采用"动物友好"型设计，为蝙蝠等动物留出栖息空间，避免城市中的生物因工业化的影响而丧失其避风港[72]。

汉堡的沼泽地和林地位于城镇的北部和南部，城市总面积的 8%被指定为自然保护区。汉堡被称为世界上十大最具可持续性的城市之一，并入选 2011 年欧洲绿色之都。自 2013 年起，汉堡开始实施一项计划，旨在构建一个覆盖汉堡市 40%面积的相互连接的城市绿色网络。该网络不仅支持自行车通行，还具有休闲娱乐和调节气候变化的功能。该项目计划于 2034 年完成，通过绿色路径和现有的"绿轴"将两条绿化带、公园、休闲区、墓地和动物栖息地相互连接起来，向城市核心区域延伸。此绿色网络不仅可以吸收更多的二氧化碳，还可以通过吸收雨水和调节水流来防止洪水泛滥。

7.2.2 社会经济特征

7.2.2.1 经济发展水平

2021 年，汉堡地区生产总值达 1267 亿欧元，比 2020 年增长了 7.6%（图 7.11）。地区生产总值结构为农林牧渔业占 0.09%，制造业占 14.80%，服务业占 85.11%。汉堡经济正在逐步复苏，其中对服务业需求的增加尤为明显。

7.2.2.2 经济发展特征

如表 7.2 所示，整体来看，汉堡经济结构一直以服务为主导，产值占比超 80%，其次是制造业。2019～2021 年，汉堡制造业产能大幅度下降，服务业产值下降后又有所回升。

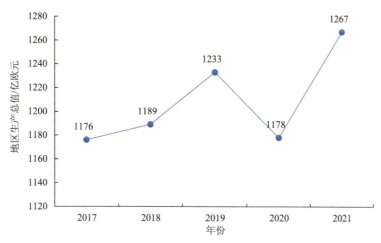

图 7.11 2017～2021 年汉堡地区生产总值

表 7.2 2017～2021 年汉堡产业产值及结构

年份	农林牧渔业/亿欧元	制造业/亿欧元	服务业/亿欧元	比例
2017	0.74	181.17	868.68	1∶244∶1172
2018	0.79	183.98	888.61	1∶232∶1123
2019	0.87	194.95	926.98	1∶225∶1069
2020	0.89	166.05	900.93	1∶188∶1018
2021	1.01	169.58	975.25	1∶167∶963

汉堡现已成为德国的主要工业城市，截至 2019 年底有超过 165000 家公司和贸易商在汉堡商会进行注册。其经济结构主要受服务业主导，服务业就业人口占总就业人口的3/4。汉堡的经济发展中商业也占有重要地位，德国企业 500 强中有 30 多家位于汉堡。主要经济部门包括高科技、物流、精密制造、信息产业和现代服务业等[①]。巨大的经济潜力与高质量生活使汉堡成为欧洲最具活力的经济地区之一。

2021 年，中国是汉堡最重要的出口国，同时中国也是其最重要的贸易伙伴。2021年，汉堡向中国出口了价值约 49 亿欧元的商品，其次是法国（30 亿欧元）和奥地利（23亿欧元）。同年，中国以 104 亿欧元的贸易额位居汉堡进口产品首位，其次是美国（80亿欧元）、荷兰（41 亿欧元）和法国（41 亿欧元）。2021 年汉堡出口额同比增长 6.5%，达到 425 亿欧元。

7.2.2.3 人口

汉堡是德国人口第二大的城市，仅次于柏林。如图 7.12 所示，2021 年汉堡总人口

---

① 贸促会驻德国代表处. 汉堡概况及对华合作情况. https://www.ccpit.org/germany/a/20220117/2022011732g3.html [2022-10-16].

1853935 人，比 2020 年多 1457 人，增长率为 0.08%。男女人口比例为 51∶49，德国国籍与外国国籍人口比例为 83∶17，移民人口占总人口约 37%。

图 7.12　2011～2020 年汉堡人口总量

2019 年，汉堡常住人口主要分布在城市中心区域与汉堡市北部，整体分布呈现向内集中的特征。2021 年，汉堡平均人口密度为 2455 人/km²[①]。

2021 年，汉堡人口平均年龄为 42.2 岁，在总人口中，0～17 岁占 17.0%，18～24 岁占 7.8%，25～29 岁占 7.7%，30～49 岁占 29.3%，50～64 岁占 20.0%，65 岁及以上占 18.2%。2018～2040 年汉堡人口金字塔特征为底部收缩，上部变宽，金字塔变形（图 7.13）。

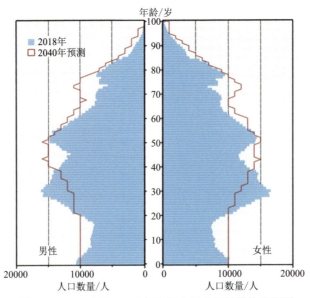

图 7.13　2018 年和 2040 年汉堡人口的年龄结构和预测

① Davies K. Population density in hamburg germany 1995-2020. https://www.statista.com/statistics/1107073/population-density-hamburg-germany/[2022-10-25].

表明少年儿童人口比重缩小，老年人口比重增大，是出生率长期下降的结果。育龄人群比重低，后备力量更低，如果生育水平不变，汉堡未来的人口[①]再生产趋势将呈负增长，会导致人口缩减。

7.2.2.4 基础设施建设

1）港口

汉堡港是德国第一大港口，也被称为汉堡"通往世界的门户"，在全球贸易中有重要的地位。汉堡港位于北海和波罗的海之间，优越的地理位置和良好的港口经济发展使其成为德国重要的外贸中心。近年来，在全球化大背景下，汉堡市对与波罗的海、东欧以及亚洲的传统友好贸易关系进行了重新定位，积极扩展了其在贸易、物流方面的优势，力图将其从"国际港口"转变为"国际都市"。

汉堡港作为德国最大的综合性港口，服务于欧洲内部市场多达 4.5 亿客户。汉堡港年均总产值约为 200 亿欧元，直接或间接创造了 26 万多个工作岗位。截至 2019 年底，经营状况如下：每年运营约 7500 个航运班次、在全长 43 km 的海轮岸壁上拥有近 300 个泊位、每周来往 1300 多列货运列车、拥有四个现代化集装箱码头、三个邮轮码头和大约 50 个滚装和散装货物的专业装卸设施，在城市区域内拥有约 7300 家物流公司。2021 年海运货物进口总量 7380 万 t，海运货物出口总量 5490 万 t（图 7.14）。汉堡港共有 75 个码头，能够接纳客货船、普通货船、集装箱船、滚装船等所有类型的船舶。港口的另一大支柱业务是处理不适合集装箱运输的传统散装货物，包括机械零件、涡轮机、滚装货物、车辆或木材。多功能码头负责装载重型货物、传统散装货物和工程货物。大宗货物码头则负责处理抓斗货物、吸取式货物和液体货物，如煤炭、粮食、石油等。

图 7.14 2001～2021 年汉堡海运货物吞吐量

---

① Statista_Research_Department. Population in hamburg by 2022. https://de.statista.com/statistik/daten/studie/155147/umfrage/entwicklung-der-bevoelkerung-von-hamburg-seit-1961[2022-10-25].

发达的装卸系统和数据通信系统、强大的运输基础设施以及高效的支线运输和内陆运输为汉堡港与世界各地的合作伙伴开展贸易往来创造了条件。2020 年，汉堡港货物流动量达 1263 亿 t，约 850 万标准箱，使得汉堡成为欧洲第三大集装箱港口，在全球大型集装箱港口名单中排第 18 位。汉堡港十大集装箱海运贸易伙伴国所贡献的交易量约占汉堡集装箱装卸总量的 61%。汉堡历来最强大的贸易伙伴是中国，2020 年汉堡和中国之间的货物往来共计 240 万标准箱。美国与汉堡的集装箱运输量排名第二，并在 2020 年达到历史新高。汉堡与英国之间的集装箱运输呈上升趋势，达到了 26.6 万标准箱。

2）交通

汉堡内河航运发达，市内河道纵横，有 1500 多座桥梁。主要河道的河底有隧道相通，有世界上最长的城市地下隧道。

汉堡是德国北部最重要的铁路枢纽。德国铁路的五条长途铁路线和两条区域线都汇聚在汉堡。汉堡与柏林、汉诺威、不来梅/鲁尔区、弗伦斯堡/日德兰半岛和吕贝克/哥本哈根的道路将其与欧洲的主要经济中心连接起来。汉堡港是欧洲最大的铁路港口，德国12%的铁路货运都以汉堡港为出发地或目的地。汉堡港铁路货运量约为 4800 万 t，约合 280 万标准箱，在欧洲各大港口中处于领先地位。每周约有 2000 趟集装箱列车来往于汉堡与欧洲内陆。往返汉堡港的 90% 以上的运输都是铁路运输，目的地主要是捷克、奥地利和匈牙利。汉堡港内部铁路网由港口铁路集团通过公共平台进行运营，隶属于汉堡港务局（HPA），铁路网络全长约 300 km，共有 750 条支线。此外还包括工业、装卸和物流公司所有的 80 条铁路线路。

汉堡的机场是德国第五大机场，位于市区附近，其历史可追溯至 1911 年，是欧洲最古老的机场之一。密集的航线网络将汉堡与所有主要的欧洲经济和商业中心连接起来。汉堡是世界上除了西雅图和图鲁斯外第三大航空基地。在国际航空中，汉堡可以直飞迪拜为非洲、印度、亚洲、澳大利亚和新西兰提供良好的中转连接。

3）物流

物流业是汉堡的主要产业之一，汉堡被视为德国对外贸易中心。汉堡拥有百年海外贸易的历史，除此之外，由于内陆和海港系统联系密切，汉堡已发展成为北欧的中心货物枢纽。许多公司通过汉堡来和大都市区进行货物的转运，分销和存储。汉堡在比尔韦德（Billwerder）（面积 30 万 m²）拥有最大、最现代化的德国联合货物运输转运站（KLV）之一。汉堡的物流部门包括航运、内河航运、转运、储存、空运、公路运输、快递、包裹服务以及铁路货运等领域的公司。近年来，汉堡物流业发展环境良好（图 7.15），在 2020 年初受到新冠疫情打击，后逐渐恢复。在往返汉堡的长途货运公司之间的竞争中，铁路的市场份额超过 70%。汉堡机场货运中心（HACC）于 2016 年 5 月开业，是一个现代化的货运中心，拥有约 20000 m² 的物流空间，可供装卸公司和货运代理使用[1]。

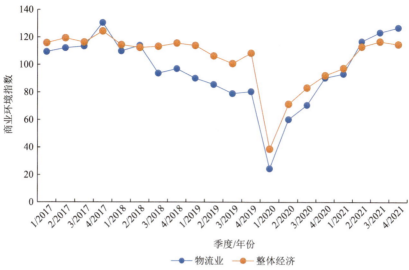

图 7.15 2017～2021 年汉堡物流环境

持续的全球化使汉堡进一步提升了其作为北欧领先物流基地的地位。汉堡是仅次于纽约的世界第二大领事中心，成千上万的国际公司在大汉堡地区设有代表处，其拥有约 90 个领事馆。

7.2.2.5 宗教

由于汉堡作为重要港口城市的地位且移民人口众多，汉堡长期以来一直是多种宗教并存的地区，如基督新教、天主教、伊斯兰教、佛教、犹太教、边缘教会等。截至 2020 年底，汉堡 23.6% 的居民是基督新教徒，9.4% 是天主教徒，67% 属于其他宗教社区或没有宗教社区。近几十年来，汉堡基督新教徒和天主教徒的数量有所下降。同时，汉堡是罗马天主教大主教管区的所在地。

7.2.3 城市发展特色

7.2.3.1 "因港而兴"的城市

港口交通优势是汉堡市成为经济与文化大都市的重要基础。其中，汉堡港的特色之处在于它位于欧洲市场的中心，从而使它成为欧洲最重要的中转海港，加之其作为德国重要的铁路和航空枢纽，能够广泛、迅速且低成本地到达内陆各个国家，在汉堡和大都

---

① Hamburg as a location: The green metropolis as gateway to europe. https://www.hamburg-logistik.net/en/our-topics/hamburg-as-location/[2022-10-25].

市地区的工业和贸易进出口物流中发挥着重要作用。如今，汉堡港已成为欧洲第三大集装箱港口，通往全球的海上贸易航线与陆路运输网络使汉堡成为"一带一路"倡议中欧洲重要的枢纽城市。汉堡港的发展理念是"港在城里，城在港中，还港于民"。当前，在港区东北部，一片集商务、办公、服务业等多功能于一体的新城正在拔地而起。

7.2.3.2　城市更新升级

在经济全球化时代，汉堡的城市化转型受到了工业、空间、政策、协调等多种因素的综合作用。在产业方面，汉堡充分利用现有的工业优势并发展战略性新兴产业，通过技术改造实现传统产业的升级演进。在空间发展上，汉堡制定了改造优于重建的空间发展战略，既保持了城市地标、城市文化的象征，又把城市的空间发展计划与城市的发展计划有机地结合了起来，实现城市的可持续利用以及城市经济结构的良性转型。此外，在转型发展的道路上，汉堡市政府十分重视城市转型政策的系统性与连续性。通过协调城市的改造质量、规划目标和建设进度，以实现城市转型建设规划方案的优化和完善。

7.2.3.3　生态可持续性

汉堡新城在规划、建设与实践的每个环节都围绕着城市生态可持续性展开，在对老港区进行改造更新的同时，采取了一系列的低碳设计，实现了"城市性"与"生态性"的高度统一。汉堡新城采用生态的绿化景观系统，形成了有机的绿网结构，大面积的绿化景观有效地吸收了二氧化碳，降低了新城热岛效应。在生态、环保、低能耗的交通系统方面，港口新城倡导零排放的非机动交通方式和公交、轨道交通方式，构建了低能耗、环保的交通网络。此外，汉堡新城保留了许多码头符号和码头构筑物，将其与现代景观融为一体，工业符号作为景观要素在这里得到了可持续利用和发展。

7.3　新奥尔良

7.3.1　自然地理特征

7.3.1.1　地理位置与面积

新奥尔良是位于美国路易斯安那州南部的港口城市，城市总占地面积为 910 km^2，其中陆地面积共 440 km^2，水域面积共 470 km^2。如图 7.16 所示，新奥尔良位于密西西比河三角洲东西两岸，处于墨西哥湾上游，庞恰特雷恩湖（Lake Pontchartrain）是河口湾北岸的一个潟湖[73]。海水、河水和湖水汇集于此，水资源丰富。城市大部分地区地势平坦低洼，平均海拔低于海平面 0.5 m，有 49%的城市区域海拔位于海平面以下。随着新奥尔良城市扩展，很多新建筑选址在地势较低的沼泽地。城市的北、东、南三面环水，以及路易斯安那州整体的海岸线下沉使得飓风灾害一直对新奥尔良造成严重的威胁。

图 7.16　美国路易斯安那州新奥尔良市

7.3.1.2　地形地貌特征

新奥尔良市的平均海拔低于海平面 0.5 m，有 49%的城市区域海拔都位于海平面以下。其中海拔最高部分位于新奥尔良市上城区的河堤处，高于海平面 6 m，而在新奥尔良东部地区的海拔则会低至海平面以下 2 m。随着新奥尔良城市扩张，很多新建筑选址在地势较低的沼泽地。新奥尔良大部分地区地势平坦低洼且低于海平面，城市的北、东、南三面环水，以及路易斯安那州整体的海岸线下沉使得飓风灾害对新奥尔良一直都有着极其严重的威胁，也使得新奥尔良成为美国最易受飓风灾害和相伴水患袭击的城市。

新奥尔良城市地质结构大多建立在数千英尺深的软沙、淤泥和黏土之上。由于有机土壤（或称为"沼泽"）的固结和氧化以及当地抽取地下水，会自然发生地面沉降。过去，密西西比河的洪水和沉积物沉积抵消了自然沉降，使得城市地区的东南部处于或高于海平面。然而，由于在密西西比河上游建造的主要防洪结构和在新奥尔良周围建造的堤坝，新鲜的沉积物层并没有补充因沉降而失去的地面。2016 年美国国家航空航天局发布的研究表明，新奥尔良城市内大多数地区实际上正在经历沉降。

7.3.1.3 水资源概况

新奥尔良的水资源丰富,它是一座海滨城市,同时密西西比河与蓬查林湖也流经这里,海水、河水和湖水汇集于此,因此它的地下水位相对较高。新奥尔良位于密西西比河三角洲上,庞恰特雷恩湖是美国密西西比河河口湾北岸的一个潟湖,面积为 1630 km²,是仅次于大盐湖的美国第二大咸水湖,为新奥尔良提供服务。庞恰特雷恩湖是新奥尔良经济发展、娱乐和可持续发展的重要水资源。湖中盛产游鱼和各种水鸟,包括鹈鹕等。同时,枫丹白露州立公园和许多小型度假村也位于湖岸周围。

7.3.1.4 气温概况

新奥尔良属典型的亚热带湿润气候,终年暖和,雨热同季[74]。如图 7.17 所示,1911～2018 年,7 月平均气温 27.7℃,1 月平均气温 12.4℃。夏季炎热潮湿,日最高气温达 30℃的日数年均有 137 天,达 35℃的日数年均有 17 天。冬季温和,偏向温暖,日最高气温低于 10℃的平均日数为 7.1 天,日最低气温低于或等于 0℃的平均日数为 5.4 天。日低温大于或等于 25℃的年均日数为 38 天。全市极端低温为-14℃(1899 年 2 月 13 日),交换站极端最低气温为-12℃(1989 年 12 月 23 日);全年最热月(8 月)均温为 28.9℃,国际交换站极端最高气温 39℃(1980 年 8 月 22 日);全市内的极端高温达到了 41℃(2004 年)。

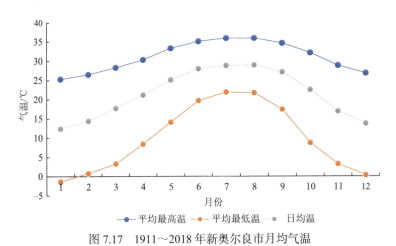

图 7.17 1911～2018 年新奥尔良市月均气温

7.3.1.5 降雨概况

新奥尔良年均降水量约 1610 mm,年极端降水量最少为 712 mm(1938 年),最多为 2889 mm(1991 年)[74]。新奥尔良地区降雪罕见,自 1852 年以来,全市有 17 场可测量的雪,最后一场可测量雪出现于 2009 年 12 月 4 日,最大一场达到了 21 cm(1895 年 2

月 14 日与 15 日），无霜期平均有 317 天（2 月 3 日至 12 月 21 日）。1911～2018 年新奥尔良市月均降水量与降水天数如图 7.18 所示。

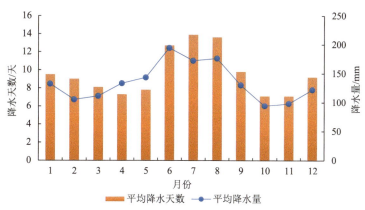

图 7.18　1911～2018 年新奥尔良市月均降水量与降水天数

7.3.1.6　能矿资源

新奥尔良周边地区内石油、天然气、硫黄、盐矿等能源矿产资源丰富，同时也盛产木材、棉花、甘蔗以及稻米等农作物资源。新奥尔良生产了美国近 11% 的石油，并拥有 19% 的天然气储量，是路易斯安那州海上石油和天然气行业的运营中心，也是许多炼油厂和工厂的所在地。2021 年，飓风"艾达"过境之后，新奥尔良的石油产能遭遇严重打击，整座城市面临着燃油供应不足的严峻问题。

7.3.1.7　生物资源

新奥尔良周边的自然环境具备丰富的多样性。北部地区有辽阔的草原与林地。南部地区有联通墨西哥湾的浅沼、湖沼和湿地，甚至还有机会亲密接触短吻鳄。大布兰奇沼泽国家野生动物保护区（Big Branch Marsh National Wildlife Refuge）建于 1994 年，位于庞恰特雷恩湖北岸。湿地哺育了众多的鱼、短吻鳄、水鸟和其他野生动物。这片自然区域包含几种不同类型的栖息地，如湖滨沙滩、森林和湿地。巨大的落羽杉（又名沼泽柏）和山茱萸林在河流带来的淡水滋养下繁茂生长。同时地区内也生存着一些濒危物种，如褐鹈鹕、白头海雕以及红顶啄木鸟。

新奥尔良是个兴建在河口冲积平原上的城市，它的北部有湖泊，南边是密西西比河，东临大海，城市周围有大量自然湿地，这些湿地好比海绵，能够大量吸收降水，能减少洪水侵袭的强度，保护城市，但新奥尔良在城市建设中排干了大部分湿地。密西西比河挟带的淤泥，本可以缓慢地沉积在入海口，进一步增加城市的缓冲层，但现在却被引入管道加速冲走。

7.3.1.8 自然灾害

新奥尔良和整个路易斯安那南部都是由密西西比河挟带的冲积物不断沉积形成。在建立大坝并分流之前，密西西比河从美国40%的土地以及加拿大的一块较小区域带走水、沙和淤泥，时间超过数千年之久。若没有人类干预，这条河流将会继续扩展其平坦的三角洲，并在不同的河道泛滥和改道。数百万公顷的湿地、森林和堰洲岛形成一系列减速坎，提高了新奥尔良抵御飓风的能力。随着工程建设，这些自然防护遭到一定程度破坏。2005年的卡特里娜飓风冲决了堤坝，淹没了4/5以上的城市，部分城市地区水深达6 m（20 ft）。

7.3.2 社会经济特征

7.3.2.1 经济发展水平

新奥尔良作为美国的一个主要港口，是美国墨西哥湾沿岸地区的经济和商业中心，同时也是美国重要的炼油和石化生产地。如图7.19所示，2020年，整个新奥尔良都会区的地区生产总值约为760亿美元，人均地区生产总值在5万美元以上，属于高收入水平地区[①]。

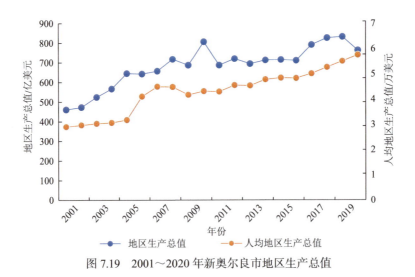

图 7.19　2001～2020年新奥尔良市地区生产总值

7.3.2.2 经济发展特征

新奥尔良是美国路易斯安那州南部的一座海港城市，同时也是路易斯安那州最大的

---

① Gdp per capita data for new orleans metro area (la) and memphis metro area (tn-ms-ar)-gross domestic product on the open data network. https://www.opendatanetwork.com/entity/310M200US35380-310M200US32820/New_Orleans_Metro_Area_LA-Memphis_Metro_Area_TN_MS_AR/economy.gdp. per_capita_gdp?year=2017[2022-10-15].

城市和主要工业城市，约有人口 38 万，集中全州 1/4 的工厂企业，涵盖纺织、食品、木材加工、炼油、石油化工、化学等工业部门，同时也是全美重要的造船和宇航工业基地和州内最大的零售批发和金融中心。当地旅游业兴盛，在城市经济中的地位仅次于运输业。

1）港口运输

新奥尔良港是海运业的中心，以转口贸易为主，港区内设对外贸易带，进口货物可免税在此储存、加工或展览。新奥尔良港是美国乃至全球的主要粮食港口，粮食、煤炭和动物饲料构成了贸易的主要部分，港口由于棉花和谷物出口量增多迅速发展起来。同时其他出口产品也包括加工农产品、金属、化学制品、纺织品、烟草和纸板等。在国际贸易中，在新奥尔良每年约有 5000 艘远洋船在港口停靠，同时也有 40 多个国家在新奥尔良设有领事馆。近年来，港口货物吞吐量中占首位的是石油，其次为谷物、杂货、煤炭等，年吞吐量均在 1 亿 t 左右，居美国各港之首。

2）旅游业

新奥尔良旅游业兴盛，在城市经济中的地位仅次于运输业。新奥尔良拥有迷人的法国区、美国最大的狂欢节和河船赌博等特色，拥有稳固的旅游业历史。新奥尔良富有音乐传统，为爵士乐的诞生地，多音乐团体和剧场、音乐厅等。狂欢节是新奥尔良最受欢迎的一项活动。作为标志性节日，狂欢节长期以来一直是新奥尔良重要的旅游景点和收入来源。新奥尔良狂欢节的历史可以追溯 18 世纪初，当时法国人和西班牙人在这个地区定居，他们将自己的狂欢节传统带到了新奥尔良，逐渐形成独特的奥尔良狂欢节风格。随时间推移，新奥尔良狂欢节的花车游行成为其最有代表性的特色之一。新奥尔良的旅游业兴盛，许多游客慕名前来参加当地的狂欢节庆祝活动，参观历史悠久的老街区建筑，以及美国目前仍在运作的最古老教堂——圣路易斯大教堂。旅游业是城市最大的收入来源之一，贡献了近 43%的销售税，平均每年带来 90 亿美元的收入。2018 年，超过 1851 万游客来到新奥尔良，为数百家餐馆、酒店等旅游相关企业提供支持。

3）服务业

新奥尔良以其独特的美食文化而闻名，拥有许多享誉全球的餐饮和美食节，酒店业、餐饮业等服务行业为当地提供了 6 万多个工作岗位。作为备受游客喜爱的旅游目的地，新奥尔良以商场、精品店、纪念品店和艺术品店为主的零售业在市中心和周边地区繁荣发展。新奥尔良还是路易斯安那州的商业中心之一，拥有发达的金融业。

4）国际合作

世界文化经济论坛（World Cultural Economic Forum）创办于 2006 年，由时任路易

斯安那州副州长米奇·兰德里欧发起，邀请各国政府官员和市长，驻美使节、企业和文化界精英齐聚美国爵士乐之都新奥尔良，共议文化作为独特的经济体在城市建设发展中的重要作用。自 2010 年始，该论坛转由新奥尔良市政府举办，美国市长联合会加盟了本届论坛的主办，共同研讨文化的特性，寻求新的合作伙伴，激发文化创新，扩大就业，凸显文化经济在 21 世纪经济全球化的发展进程中的重要作用。

7.3.2.3　人口特征

根据 2020 年的美国人口普查，新奥尔良的人口为 391249 人，成为路易斯安那州人口第一大城市，同时是美国东南部的人口第十二大城市（图 7.20）。新奥尔良曾在 2005 年 8 月遭到五级飓风卡特里娜袭击，损失惨重，导致人口急剧下降[75]。1997～2004 年，新奥尔良的市区人口超过 60 万人，但随着 2005 年的飓风卡特里娜袭击，居民纷纷撤离新奥尔良。2008 年，美国人口普查局调整了对该市的人口估计，为 336644 人。到 2015 年 7 月，人口又回到了 386617 人，是 2000 年的 80%。现今该市的人口只有 39 万多，是继美国继底特律之后第二个市区人口大幅减少的大城市。

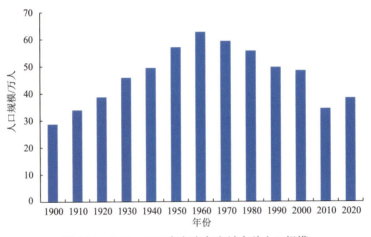

图 7.20　1900～2020 年新奥尔良城市总人口规模

新奥尔良的人口种族情况现在以非裔美国人为主。新奥尔良曾经是一个移民城市，在 20 世纪 60 年代后，大量黑人移居新奥尔良，并逐渐取代白人成为城市内第一大人口族群。从 2010～2020 年，新奥尔良本土西班牙裔和拉丁裔人口的增长反映了人口多样化趋势。

7.3.2.4　基础设施建设

1）港口

新奥尔良是仅次于纽约港的美国第二大港，建于 1718 年。新奥尔良港地处密西西比河的咽喉地带，腹地深广，是美国重要的河海、海陆联运中心。港口以转口贸易为主，港区内设对外贸易带，占地 7.6 km^2，进口货物可免税在此储存、加工或展览。新奥尔良港是 7 条铁路干线的交会点，通连洛杉矶、芝加哥、纽约等大城市，水陆联运方便，是三角洲地区高速公路网的枢纽。全港码头线总长约 50 km，有泊位 150 多个。所有码头几乎都是顺岸式的。新奥尔良港同欧洲和太平洋沿岸（包括远东）之间有载驳船往来。

2）机场

新奥尔良的交通设施包括三个机场：位于城市以西的新奥尔良国际机场，用于国内、地区和国际定期的客货运输业务；位于庞恰特雷恩湖的新奥尔良机场，专门用于私人和企业用途；以及位于普拉克明教区的美国海军航空站，为各武装部队的空中后备部队服务。新奥尔良拥有近 40 条公交车线路，是城市公共交通的主要途径。此外，市内轮船提供客运和货运服务，目前共有两线线路连接新奥尔良阿尔及尔（Algiers）与密西西比河彼岸以及连接美国 90 号公路与新奥尔良运河街。新奥尔良地区的主要通道桥梁除了大新奥尔良大桥外，还有庞恰特雷恩湖堤道，全长 38.4 km。

7.3.2.5　教育文化

新奥尔良市区拥有数座高等院校，其中最知名的是创建于 1834 年的杜兰大学。杜兰大学与艾默理大学、范德堡大学等大学齐名。学校被《美国新闻与世界报道》评为一级国家级大学。1882 年，新奥尔良商人保尔·杜兰捐献了市价超过 100 万美元的房地产作为教育基金，并设立杜兰教育基金委员会（Board of Administrators of the Tulane Educational Fund）监管资金使用。1884 年州议会通过决议将大学的监管权移至杜兰教育基金委员会，路易斯安那大学从此转为私立并更名为杜兰大学。1885 年，杜兰大学设立研究生院。1894 年，杜兰大学设立工程学院，即现在的理学院。1914 年杜兰大学设立商学院，是当时美国南部最早的商学院。随后，杜兰大学陆续成立了其他学院。

新奥尔良的娱乐和休闲设施非常有名，新奥尔良的文化生活是由不同地区共同贡献的多元文化综合。移民遗产，如爱尔兰社会、德国慕尼黑啤酒节，则为城市整合增添了民族色彩。多种族、多民族、多地域人群混合的城市社会文化促使了融合蓝调、舞曲、进行曲、流行歌曲、赞美诗与碎乐句（Rags）等多种音乐元素的爵士乐诞生。自第二次世界大战以来，新奥尔良已成为一个艺术中心，许多艺术家和画廊向收藏家提供原创作品。新奥尔良艺术博物馆是一个公共博物馆，博物馆内收藏种类繁多，主要是装饰艺术和摄影作品。而音乐活动包括新奥尔良歌剧院协会每年上演的歌剧、路易斯安那爱乐乐团举办的音乐会、新奥尔良芭蕾舞团的演出以及新奥尔良爵士俱乐部举办的音乐会。其他景点如美洲水族馆，其是美国顶级水族馆之一，以及历史悠久的伏都教博物馆、美国国家二战博物馆、当代的艺术中心等文化设施。

7.3.3 城市发展特色

7.3.3.1 建设韧性城市典范

卡特里娜飓风、经济大萧条以及英国石油公司漏油等突发事件时刻考验着新奥尔良城市的韧性。对此，新奥尔良先后出台多项法规政策，逐渐转变过去以防御抵抗为主的抗灾观念，以韧性城市为核心理念，寻求可持续发展。于 2015 年发布的《韧性新奥尔良》，主要目标通过修复城市的沿海湿地以保护社区安全，同时配套出台一项区域城市水计划，以减少洪水风险、减轻土壤沉降，以及美化社区环境。

新奥尔良城市雨洪规划则在城市原有的集中排洪模式上创新，提高了城市结构、地形条件与排洪设施的一致性，以分散式排洪模式代替集中式排洪模式，减小集中区域的排洪压力，同时延续各分区的功能，展现多元化城市的风貌。此外，规划引入"延缓、储存与排水"的调控策略，增加城市蓝绿空间的连通性。

7.3.3.2 培育多元产业集群

集群式的发展方法对于新奥尔良来说很有意义。卡特里娜飓风和英国石油公司漏油事件让新奥尔良意识到，城市的经济需要多元化。之后，新奥尔良致力于维护创业生态系统，支持部门和组织间的良好合作关系。新奥尔良商业联盟由此启动新奥尔良城市五年经济发展战略"繁荣诺拉"（Prosperity NOLA），旨在刺激就业增长，并通过六大重点产业群的发展，建立可持续发展的经济。新奥尔良资源有限，需要集中精力优先考虑重点发展的方向。这些能够帮助新奥尔良扩展经济关键部分并使其发展更多样化的智能产业集群。通过吸引企业和扶植当地新兴企业，新奥尔良将建立一个更加可持续发展的地区经济。

7.3.3.3 发挥文化优势促进旅游发展

新奥尔良努力推广当地文化，在留住当地民众的同时，也通过多元文化不断吸引外来移民。音乐文化是其中最典型的代表。作为爵士乐发源地，新奥尔良始终坚持弘扬并推广其传统音乐文化，围绕当地多元文化组织大型节日和活动，使文化产业成为仅次旅游业的第二大城市就业部门。大量的外来与本地资源确保了新奥尔良文化活力，也保障了城市最大限度地发挥多元文化经济的影响力。同时，韧性城市的建设依靠文化作为导向，能够有效促进民众的价值认同，提升市民归属感和自豪感，带动富有吸引力的特色旅游，进一步增强凝聚力和城市活力。

7.4 魁 北 克

7.4.1 自然地理特征

7.4.1.1 地理位置与面积

魁北克市是加拿大魁北克省的首府，总面积为 454.26 km², 位于加拿大东部的圣劳伦斯河流域与圣查尔斯河汇合处，圣劳伦斯河是北美最大的水上通道之一（图7.21）。魁北克市作为加拿大法国文明的美洲摇篮，是一个讲法语的城市，以当地居民生活质量高而著称，是加拿大最古老的城市之一。

图 7.21　魁北克市城区卫星影像图

在 1759 年的亚伯拉罕平原之役后，魁北克市在当时英国的统治下，加强防御工事，将它建设成城墙围绕的坚固堡垒。如今这座城墙被完整地保留下来，使魁北克市成为北美唯一还保有城墙的城市。魁北克市不但因地利之便发展成加拿大重要的海、陆运枢纽，同时也是魁北克省的首府，并有新旧城区之分。新城拥有现代化的高楼，宽阔的马路，以及忙碌的商业活动。而旧城的街道狭窄曲折，典雅的屋宇依山而建，仍保有 17、18

世纪欧洲的风貌，故被联合国教育、科学及文化组织（简称联合国教科文组织）列为世界人类文化遗产。旧城依地势分为上城（the Upper Town）和下城（the Lower Town），上城建于河岸边的悬崖上，魁北克市高达 10 多米的城墙就建在上城。建于岬角峭壁下的下城，是魁北克市最早发展商业的地区，街道狭窄，房屋密集，有许多具有特色的法式酒吧、咖啡馆和餐厅。

7.4.1.2 地形地貌特征

魁北克大都市区位于魁北克省的东南部，其城市中心区则是建在该省东部的圣劳伦斯河与圣查尔斯河汇合处，北岸的一块狭长的桌状高地上（图 7.22）。城市高地的东北端戴蒙德角向河突出，海拔约 100 m，悬崖陡峭，河面在此收缩为 800 m 左右，形势险要，历史上一直是英法竞争的战略要地。魁北克市整个城市坐落于圣劳伦斯河北部，控制新法兰西的水路入口，扼守着进入北美大陆内地的门户，有"北美的直布罗陀"之称。魁北克市的四周遍布着丰富的森林和自然生态资源，显著的地形地貌特征使得魁北克市是美洲墨西哥以北最古老的城市。

图 7.22　魁北克市地形地貌特征

7.4.1.3 水资源概况

魁北克市所依附的圣劳伦斯河，拥有着世界上最大的内陆大西洋港口，自 1959 年以来，圣劳伦斯海路一直是大西洋和五大湖之间重要的通航通道。与此同时，水域覆盖了魁北克市近 10%的市域范围，这些水域包括 4500 条河流、50 万个湖泊、430 个大型汇水盆地。魁北克大学的下属分机构利用丰富的水资源，在该领域开辟了专业研究，使它们在当今世界水研究领域处于领先地位。基于该领域的专长，魁北克大学的研究员们创立了多个科技联合组织：国家科学研究院（INRS）水、土、环境中心；跨校湖沼学研究集团；水及环境模型化开发与应用研究集团；蒙特利尔魁北克大学（UQAM）环境科学院等。它们的专业研究包括水文、地下水、水质、环境风险、气候变化、基础设施、管理及执政、生态系统、净化和去除放射性污染。

7.4.1.4 气候概况

魁北克市位于魁北克省的东部，靠近圣劳伦斯河流域,该河流连接大西洋和加拿大的五大湖区域,特殊的地理特点导致魁北克市的温度也呈现出南高北低的特点。如图 7.23 所示，魁北克市的大部分主要是大陆性气候，在这里一年四季的气候特征都是非常明显的，冬寒夏暖，夏季平均温度在 11.1～24.6℃，冬季温度一般在–15.7～–4.4℃，主要受到北大西洋暖流的影响，冬天相较于同纬度地区温暖。总体而言，虽然夏季极少有炎热的天气，但依旧有着不低的温度，最高温度也能够达到30℃以上，而到了冬天，由于其邻近极地地区，气候非常寒冷，经常会出现降雪降温的情况。

魁北克市虽为大陆性气候，但受到来自北美核心地区和大西洋风暴系统的影响，在夏季的降水还是非常丰富的，即使在寒冷的冬季，也会时不时地出现大范围的降雪。魁北克市年降水量约为 1163 mm，冬季多为降雪，城市总体气候寒冷而潮湿。所以总体来说魁北克市是一个非常湿润的城市。

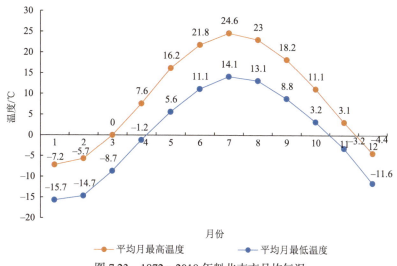

图 7.23　1872～2018 年魁北克市月均气温

7.4.1.5　土地资源

魁北克市区域内的土地分为公有地产区和私有地产区,从地籍记录看,共分为近 350 万个条块。其中湿地(沼泽、滩涂、泥炭沼、泛区等)面积很大,占到魁北克市的 5%~ 10%。为了促进当地的社会经济发展,政府允许在公有土地上依法进行多方面开发,如森林、农业、矿产、能源等自然资源利用开发,公园、生态保护区、庇护所、动物栖息地等土地使用开发和工业基础设施、公共服务设施以及度假娱乐设施使用开发等[76]。

7.4.1.6　林业资源

魁北克市拥有着丰富的森林资源,并且能够充分利用这一自然资源优势。所有魁北克人都受益于当地的森林资源——无论是野生生物、植物生命、水还是木材。除了与木材加工相关的管理和收获活动之外,森林资源还有着各种各样的娱乐和教育活动,如钓鱼和狩猎以及观察野生动物。

可以说,森林是魁北克市区域经济背后的主要推动力之一。其中以林业部门主导的开发,包括森林管理,软木和硬木产品以及纸浆和造纸生产等,在森林再生、森林生态以及制浆造纸等领域发展有着举世公认的一技之长,是魁北克市经济的重要支柱。林业相关行业在整个地区拥有 400 多家加工厂,林业和木材的加工行业为当地提供了约 8 万个直接就业机会。与此同时魁北克市政府也对林业产业进行不断改革,以适应市场为导向的体系。

7.4.2　社会经济特征

7.4.2.1　经济发展历程

1608 年法国探险家尚普兰在圣查尔斯河河口附近建立永久定居地,即命名为魁北克。19 世纪上半叶是圣劳伦斯河最重要的港口,促进了木材和造船工业的发展。第二次世界大战期间,军用物资生产扩大,劳动力需求增加,城市人口迅速上升,20 世纪 50 年代初逾 16 万。此后陆续合并周围城镇和郊区,大市区范围不断扩大。

2018 年,魁北克省实现地区生产总值 4390 亿加元,约占全加拿大的 20%,人均地区生产总值为 34303 加元(图 7.24)。魁北克省以服务业为核心产业,产值约占该省地区生产总值的 72%,制造业占总值的 14.4%,占货物出口的 90%,占研发支出的 58%。航空工业、多媒体游戏等高新技术产业已成为魁北克省的核心产业。该地区劳动力整体水平素质优良、受教育程度高。

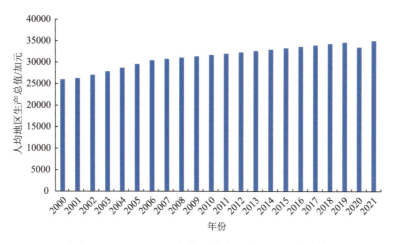

图 7.24　2000~2021 年魁北克省人均地区生产总值

7.4.2.2　经济发展特征

魁北克市的支柱产业有尖端软件、塑料制品、金属、电子、医药和通信设备等。投资创业条件优惠。魁北克市的就业人口为 35.7 万人。第一产业和第二产业雇佣 16% 的劳动人口，主要是加工业（9.3%）和建筑业（4.3%）。第三产业就业人口占就业总数的 84%，其中商业占 15.9%，健康与社会服务占 12.7%，公共行政管理占 12.7%。

除此以外，魁北克市首要职能是作为全省政治和行政中心，有较多行政机构，所以魁北克省的公务员大都集中于本市。政府机关工作人员约占市区就业人口的 1/5 以上，也带动了市区的消费业和服务业的发展。

魁北克城是一个重要的河运港口，是河运和公路运输的中心枢纽。它又是一个大学城、商业金融重地、文化中心和旅游胜地。古城区在 1985 年被联合国教科文组织列入世界文化遗产目录。近些年来，魁北克市的旅游产业不断发展，众多富有法兰西文化特色的历史遗迹，每年吸引数以百万计的国内外游客。作为美洲法语文化的发源地，墨西哥以北最古老的城市，旅游业已然是城市重要经济部门。

同时，作为入海口城市，魁北克市拥有着天然的航运交通优势，在对外出口贸易方面表现较为突出。如表 7.3 所示，魁北克市出口货物多元化并且多为高附加值的重要工业机械产品，其中占出口比例最高的是交通运输设备类，包括飞机和其他空中运载工具、涡轮喷气发动机和涡轮螺旋桨飞机及货运卡车等其他重要交通工具，这与魁北克省拥有世界知名的交通运输设备制造商庞巴迪公司有关。除此外，在未锻轧铝、铁矿石及其精矿、精炼石油产品等重要的工业原产品、原料矿石以及精加工的有色、石油等化工原料出口方面也具有非常高的份额[77]。

表 7.3　魁北克市 2018 年出口的主要货物

产品	价值/10^6加元	占总出口的比例/%
飞机和其他空中运载工具	76789	8.3
未锻轧铝	66334	7.2
涡轮喷气发动机和涡轮螺旋桨飞机	51323	5.6
铁矿石及其精矿	29833	3.2
精炼石油产品	25626	2.8
货运卡车	17858	1.9
木材	16621	1.8
新闻纸	15045	1.6
铜线	14303	1.5
精炼铜和铜合金	14241	1.5
其他产品	594130	64.6
共计	922103	100

7.4.2.3　人口

截至 2016 年 7 月，魁北克市人口总数为 531902 人，魁北克大都会区人口达 800 296 人，相较于 2011 年增加了 3%。魁北克市是加拿大第十一大城市（大都会城市中排名第七），也是魁北克省的第二大城市，仅次于第一大城市蒙特利尔。其中 94%以上为法国移民后裔，因此大部分居民讲法语。此外以魁北克市为核心的大市区包括西锡耶里、圣福瓦、莱维等 30 多个城镇和附近郊区，面积为 904 km^2，人口为 800296 人，较 2011 年增加了 4.3%，并且大部分说法语或者英法双语[78]。

魁北克市有着大部分的市政管理机构和各个部委的所在地，主要居住着大量的政府职员居民。此外，魁北克市还是一个学生人数众多的城市，魁北克市人口中接受大学教育的占全市人口的 24%，这有利于企业新技术领域的发展，如信息技术或生命技术的企业。同时魁北克市的旅游业也在快速发展。卫生、教育方面的发展也很突出。总而言之，魁北克市是以古老城市为中心、现代化都市环绕四周的城市，已成为物资丰富、交通便利的大城市。

但长期以来，"人口外流"一直是魁北克省的人口流动主要特点，近些年来，从安大略迁移到魁北克省的人口净流入量达到了历史新高。对跨省移民的吸引力在于魁北克省较低的房价。另一个诱惑是魁北克省的职位空缺率高达 7.3%，而安大略省为 5.6%。魁北克省也成为吸引法国移民的磁石[79]。近几年来，估计约有 15 万法国人——特别是有着一技之长的年轻人来到魁北克省定居。

7.4.2.4　交通基础设施建设

魁北克省地域广阔，交通运输和通信网络现代、高效。公路网和铁道网络遍及魁北克省所有地区，并且能与加拿大和美国的大城市连接。圣劳伦斯河沿岸的十来个深水港全年开放。

作为魁北克省的首府，魁北克市水陆交通均较为发达。港区主要分布在圣查尔斯河口及圣劳伦斯河北岸，过去 5 年平均每年的货物吞吐量达 2700 万 t，以谷物、木材、矿石、纸浆和纸等大宗商品为主。魁北克让·勒萨热国际机场是进入魁北克市的空中大门，位于城西南约 10 km 的地方。这里有国际航班升降，包括来自波士顿和纽瓦克等几个美国城市，此外还有墨西哥和巴黎的航班。加拿大航空公司是这里主要的国内航空公司，提供飞往渥太华和邻近的安大略省（Ontario）等主要加拿大城市的航班服务。魁北克市有发达的巴士系统，收费也很合理，公交巴士总站（Gare Centrale d'Autobus）位于圣洛克的查尔斯东街（Boulevard Charest Est）。从美国开往魁北克省的巴士都要经过蒙特利尔，魁北克市与南面美加边境之间没有直达巴士往来。往来蒙特利尔至魁北克市之间需 3～4 h 车程，每小时就有一班，而且昼夜不停。除了向西开往蒙特利尔的巴士以外，公交巴士总站还有巴士开往东部新不伦瑞克省（New Brunswick）的埃德门兹顿（Edmundston），车程约需 5 h，以及沿圣劳伦斯河北上到泰道沙克（Tadoussac），车程约需 4 h。此外，加拿大国家铁路和加拿大太平洋铁路分别从圣劳伦斯河北岸和南岸经过城区。有渡轮和两座跨河大桥沟通两岸交通。

7.4.2.5　福利制度

魁北克市具有根据平等原则建立的十分完善的医疗保险和社会保障制度。所有魁北克市公民，不论其经济状况如何，都可以参加公共住院保险和医疗保险，从而享受免费医疗及免费住院治疗。此外，这一公共医疗保险制度还为 65 岁以上的公民报销由医生开处方的部分药费，并为 10 岁以下的儿童支付每年的牙科检查费。魁北克市的社会保障项目还包括由社会工作者提供的服务和丧失工作能力者的收入保障[80]。

7.4.2.6　国际交流

魁北克市与世界上的其他城市建立了合作伙伴和战略同盟关系，以推动经济、文化与社会的发展[81]。魁北克市还广泛参加各种世界性组织，其中主要有世界文化遗产城市联盟（总部设在魁北克市）、联合国教科文组织、法语都市市长国际联合会。此外，还是德国贝塔斯曼基金会创办的改善地方政府国际组织的成员。作为首府和中心城市，魁北克市经常举办重要大型国际会议。先后在这里举行了美洲议会会议、联合国教科文组织创建纪念大会、联合国粮食及农业组织 50 周年纪念会议、法语国家首脑魁北克高峰会议、美洲国家首脑高峰会议等重要国际会议。魁北克市在世界上的友好城市有西安（中国）、卡尔加里（加拿大）、波尔多（法国）、阿尔巴尼（美国）和那慕尔（比利时）。

7.4.3　城市发展特色

7.4.3.1　魁北克市资源丰富经济产业先进

魁北克市坐落于加拿大面积最大的省魁北克省，毗邻美国东北部，战略位置优越，人口稠密，工业发达，经由深水港可通向欧洲和亚洲。同时魁北克省也是北美资源、能源基地，矿产资源丰富，相关加工技术、产业发达程度居世界前列[82]。因此魁北克市拥有着广袤的腹地，作为首府也具有许多政府行政机构，所以许多政府公务员大都集中于本市，城市居民文化水平高。当地的公务人员和行政人员组成了魁北克市服务业的大部分比例，在城市的劳务市场占据主要地位。

截至 2016 年，魁北克市拥有 53 万多居民，下属 8 个区，是魁北克省的第二大城市，仅次于蒙特利尔，在全加拿大所有城市中名列第九。魁北克市的居民大部分讲法语（95%以上），接受大学教育的人口占全市人口的 24%，家庭平均年收入约为 43000 加元。魁北克市的支柱产业有尖端软件、塑料制品、金属、电子、医药和通信设备等。

7.4.3.2　魁北克市教育科技水平优越

魁北克市共有 24 所高等教育机构，在校生 6.35 万人。魁北克市有 27 个博物馆。魁北克市有许多视觉艺术方面的艺术家，从事绘画、雕塑、铜版画、摄影、动画和演出活动。此外，多学科艺术和媒体艺术也在蓬勃发展。魁北克市有一个高水平的交响乐团、培训中心、剧场、音乐学院、工艺学校和一个庞大的公共图书馆网络。魁北克市有魁北克冬季狂欢节、魁北克夏令艺术节、新法兰西节、文化艺术节等节日。魁北克市非常重视研究和开发，每年政府和企业界投入的 2 亿加元中的 90%用于产品开发。其主要的研究基地有拉瓦尔大学、魁北克工业研究中心、国家光学研究所和研究成果认证局。

魁北克市优先快速发展的领域有生物医药、信息技术（通信、电脑、互联网、多媒体、地理信息技术、测量控制仪器、光学与激光、自动化与机器人）、生物食品、电力设备、环境技术。

7.4.3.3　魁北克市区位优越文化厚重

魁北克市自建立以来便是一个重要的河运港口，是河运和公路运输的中心枢纽。魁北克市也是北美唯一保有城墙的城市。

同时魁北克市也是一个主要的跨大西洋贸易港口，运输由圣劳伦斯河转运过来的美国五大湖区的商品（主要是散装货物）。港口、铁路、高速公路等交通优势同时也促进了包括新闻纸张、酒水饮料、食品加工、化学品制造、服装、造船等制造业的发展。

这个港口城市另外一个主要支柱产业就是旅游业。2002 年魁北克市开通了一个游轮码头，并且成了游轮的一个重要目的地。多年来，旅游业一直都是在当地经济发挥重要支柱作用。因此魁北克市是一个大学城、商业金融重地、文化中心和旅游胜地。

7.4.3.4 魁北克市旅游产业发达繁荣

魁北克市地理位置优越，整个城市坐落于圣劳伦斯河北边，有美洲的直布罗陀之称。这座古老、充满魅力而又充满活力的城市，一年四季都吸引着来自世界各地的游客，每年吸引超过 400 万游客。6～8 月的夏天是魁北克市的旅游旺季。即使隆冬，魁北克市也通过宣传滑雪旅行以及传统戏剧和芭蕾舞表演等，保持了旅行市场热度。

7.5 开 罗

7.5.1 自然地理特征

7.5.1.1 地理位置与面积

开罗（Cairo）是埃及的首都，也是埃及经济、交通、文化中心，由开罗省、吉萨省和盖勒尤卜省组成，通称大开罗地区。2021 年，大开罗地区共有 2130 万人口，使其成为埃及和阿拉伯世界以及非洲最大的城市。

图 7.25 所示为开罗市地理位置，开罗横跨尼罗河，是整个中东地区的政治、经济和商业中心。其位于埃及北部，地中海以南 165 km，苏伊士湾和苏伊士运河以西 120 km，中心坐标为 30°03′N，31°22′E。紧邻尼罗河，从沙漠山谷延伸而出，尼罗河在此分支流向低洼的三角洲地区南部。开罗从尼罗河向四面八方延伸，位于河的东岸和其中的两个岛屿，总面积为 3085 km²，城市面积超过 453 km²。

7.5.1.2 地形地貌特征

地质上，开罗位于第四纪的冲积层和沙丘上。地形上，开罗位于尼罗河三角洲，属平原地貌（图 7.26）。开罗在 3 km 以内的最高海拔约为 57 m，平均海拔为 29 m。开罗距离市中心 3 km 以内的区域，96%为人造表面，距离市中心 16 km 以内的区域，46%为人造表面、34%为农田覆盖，距离市中心 80 km 以内区域，60%为裸土、33%为农田。

图 7.25　开罗市地理位置

图 7.26　开罗市卫星影像图

7.5.1.3　水资源概况

尼罗河在埃及境内长度为 1530 km，两岸形成 3～16 km 宽的河谷，到开罗后分成两条支流，注入地中海。开罗 90%以上的饮用水取自尼罗河，约 8%来自地下水源，这些地下水源主要位于尼罗河谷的一个半封闭的沙质含水层中。

开罗降水量极少，如图 7.27 所示，1971～2000 年年平均降水量约为 24.7 mm，年平均降水天数在 14 天左右，绝大部分集中在 11 月至次年 3 月，但有时也会有突发的强降雨，并因此引发严重的洪水。2013 年 12 月 13 日开罗降下大雪，这是该地 100 多年来首次降雪。

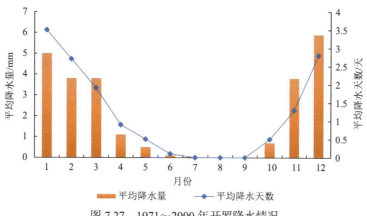

图 7.27　1971～2000 年开罗降水情况

7.5.1.4　气候概况

开罗以及沿尼罗河峡谷地区的气候属于热带沙漠气候，但峡谷效应使得该地区的湿度相对较高，平均相对湿度约为 56%。该地风暴也比较频繁，每年三四月风将大量撒哈拉沙漠的沙尘吹进城市。如图 7.28 所示，夏季时间长，较为炎热，月均高温范围在 19～35℃，平均温为 28℃，最高温 40℃以上的炎热天气不常见。冬季普遍温和，月均低温在 9～22℃，平均值为 16℃，最低温偶尔降至 0℃以下。

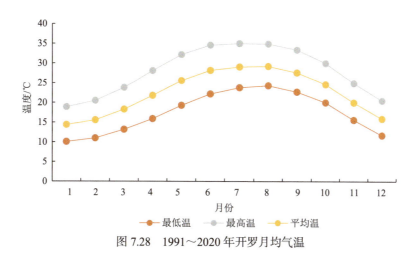

图 7.28　1991～2020 年开罗月均气温

开罗阳光较为充足，日照时数全年达到 3451 h，可照百分比平均约为 77%。而开罗紫外线指数相对较高，全年平均值达到 8。

开罗的风速季节性变化较小。一年中风资源较多的时间持续约 4.5 个月，从 3 月初到 7 月底，平均风速超过 14.5 km/h。6 月是开罗一年中风资源最多的月份，平均风速为 16.0 km/h。7 月底到次年 3 月初，开罗的风资源较少，约为 7.5 个月，12 月是开罗一年中风资源最少的月份，平均风速为 12.9 km/h。

如图 7.29 所示，1981～2019 年，开罗日最低温、日最高温、平均温均呈波动上升趋势。然而，开罗年降水量年际变化趋势不显著（图 7.30）。

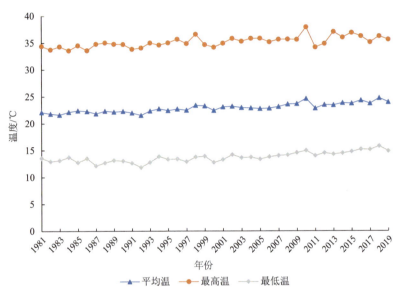

图 7.29　1981～2019 年开罗日最低温、日最高温、平均温的年际变化趋势

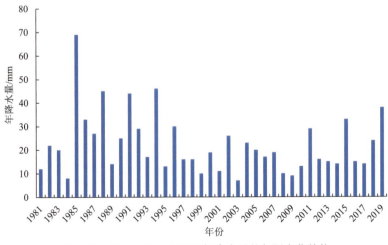

图 7.30　1981～2019 年开罗年降水量的年际变化趋势

7.5.1.5 土地资源

如表 7.4 所示，1975～2011 年，开罗城市扩展过程中占用土地的总体数量特征为：未利用地占绝大多数，其次是耕地和建设用地，林地和水域相对较少。在该阶段，开罗市建成区扩展共占用土地 1066.16 km²。其中未利用地面积为 897.54 km²，达到开罗城市扩展总面积的 84.18%，被占用的未利用地中以沙地为主，面积达 822.16 km²，其次是裸岩和裸土，分别为 71.56 km² 和 3.82 km²，主要集中分布在开罗的东北、西南及东侧。耕地面积为 77.42 km²，仅为扩展总面积的 7.26%，所占耕地类型基本都是旱地，主要集中在开罗北部与尼罗河三角洲的邻接处。建设用地被占用数量占扩展总面积的 6.66%，共 70.96 km²，具体包括农村居民点用地 58.24 km²，交通用地 11.01 km²，工矿用地 1.71 km²。林地被占用数量占扩展总面积的 1.74%，共 18.58 km²，林地类型基本是以果园为主的其他林地。水域被占用面积最小，仅为 1.66 km²，包括 1.49 km² 的坑塘和 0.17 km² 的河滩。

表 7.4　不同时期开罗城市扩展占用的不同类型土地面积　　（单位：km²）

占用土地类型	1975～1984 年	1984～2000 年	2000～2006 年	2006～2011 年
耕地	25.00	24.66	10.66	17.11
林地	1.47	12.78	3.78	0.54
水域	0.03	0.00	1.64	0.00
建设用地	45.63	19.43	0.87	5.04
未利用地	219.08	546.14	75.65	56.68
合计	291.21	603.01	92.60	79.37

7.5.2　社会经济特征

7.5.2.1　经济发展水平

2020 年，开罗地区生产总值约 600 亿美元，人均地区生产总值约 2994 美元，在整个非洲地区名列前茅。2012～2020 年，开罗地区生产总值呈逐年增长趋势，由 2012 年的 168 亿美元增长到 2020 年的 625 亿美元，增长了约 272%。

2012～2020 年，开罗人均地区生产总值呈持续增长趋势。由 2012 年的 956 美元增长至 2020 年的 2994 美元，增长了约 213%。

7.5.2.2　经济发展特征

开罗的经济以政府机构和服务为基础，现代工业部门在 20 世纪不断扩大。开罗是埃及最大的工商业城市，也是埃及最大的经济中心和金融中心，工业高度集中。其制造业产值占全国近半数，纺织工业尤其是棉纺工业占重要地位，传统工艺品极具特色。开罗的石油化工业、机械制造业及汽车工业发达。城南的卫星城赫勒万是埃及最大的钢铁工业中心，为一新兴的重工业区。农业方面，除了特有的农作物种植如洋葱、芝麻之外，这里的棉布等纺织品贸易业及食品加工的发展也很繁荣，特别是甘蔗。

埃及的大部分商业贸易，包括出版社、媒体机构、电影制片厂等几乎都聚集在开罗，其中埃及一半的医院病床和大学也设立于此。这推动了开罗的快速建设。开罗的汽车制造商包括埃及轻型运输制造公司（Egyptian Light Transport Manufacturing Company）、阿拉伯美国汽车公司（Arab American Vehicles Company）、嘉宝集团（Ghabbour Group）、埃及商业车辆生产公司（Manufacturing Commercial Vehicles）、首迪集团（Seoudi Group）、斯佩兰萨汽车（Speranza Motors）等。

7.5.2.3　人口

在 20 世纪 80 年代初期，开罗只有人口 800 多万，随后其人口数量逐年增长，2020 年已突破 2300 万大关，按人口规模算，可以进入世界十大城市行列。预计到 2050 年，开罗人口还会进一步增长到 4000 万人，但是开罗的面积只有 3000 km^2，开罗将面临前所未有的人口增长压力。1990～2020 年，开罗人口增长超过 1000 万。这些新迁入的人口除了来自本国外，还有不少是从巴勒斯坦、伊拉克、非洲等地涌入的移民。现在开罗生活着埃及四分之一的人口，但是房屋数量严重不足，贫民窟数量超过 300 个，除了缺乏电力、自来水和污水处理等基本设施外，这些贫民窟许多都被指定为"不安全区"。

从人口年龄结构来看，截至 2023 年底，埃及 14 岁以下人口占总人口的 32%，15～64 岁人口占总人口的 62%，65 岁及以上人口占总人口的 6%。

7.5.2.4　城镇化水平

开罗人口和城市面积多年来具有相似的增长趋势。2023 年开罗人口密度达 5668.4 人/km^2。时至今日，开罗的城市化水平极高，大量人口涌入城市，使得独栋住宅变得相对稀缺，而公寓楼则成为大多数开罗人的居住选择，这些公寓楼不仅占地面积小，而且能够有效容纳大量居民。

7.5.2.5　交通

开罗市内交通以地铁、汽车为主。东郊建有现代化国际机场，辟有近百条国内外航线。交通挤塞是开罗市的重大交通难题，市内繁忙街道的车辆移动速率极低，与其首都身份并不相匹配。

开罗国际机场是埃及的国际航班进港口，位于开罗市东北方向，从市中心驾车 45～

60分钟即可到达。

地铁是开罗最为便利的交通工具。在每个地铁站中都会有表现埃及法老时代文明的壁画，地铁站所售的车票为磁卡车票，具体价格则要根据行程而定。地铁中设有若干节女性专用车厢。

开罗一直是埃及的教育服务中心，是管理埃及教育系统政府机构的中心，拥有最多的教育学校和高等教育机构，高度重视教育制度改善，并由埃及教育部指导。爱兹哈尔大学（Al Azhar University）成立于公元972年，是开罗第一所大学。19世纪，开罗成立了包括开罗大学（Cairo University）在内的11所大学。截至2020年，开罗总共拥有24所大学。

7.5.2.6　历史文化

开罗是中东的文化之都，也是该地区主要的大众媒体中心以及宗教和文化机构的所在地。19世纪期间，开罗引进了许多欧洲文化机构，如剧院。以解放广场为中心，周围分布有几座著名建筑，包括大埃及博物馆、埃及民族民主党总部、阿拉伯联盟总部、尼罗河酒店和开罗美国大学等。

在历史博物方面，开罗市拥有埃及古物博物馆和大埃及博物馆等博物馆。埃及古物博物馆位于解放广场，俗称埃及博物馆，其中收藏了世界上最广泛的古埃及古物，最著名的藏品来自图坦卡蒙墓的文物群。大埃及博物馆的宗旨是重构埃及文化的完整性，是吉萨高原总体规划的一部分。

在历史建筑方面，开罗塔是开罗著名的现代纪念碑之一，位于尼罗河扎马利克岛（Zamalek Island），靠近开罗市中心。开罗塔是一座独立的塔楼，顶部设有一个旋转餐厅，向旅客提供了开罗景观的视野。开罗塔约187m，比位于西南约15km的胡夫金字塔高44m。

在历史城市方面，开罗市拥有世界上最古老伊斯兰城市之一的开罗伊斯兰老城以及开罗大城堡区。开罗伊斯兰老城建于10世纪，它有许多古老著名的清真寺、伊斯兰学校、市场和喷泉，是伊斯兰世界的一个重要的中心城市。该老城以哈利利市场为中心，向南北两方扩展，包括艾资哈尔大学、萨拉丁城堡、伊本·图伦清真寺等著名伊斯兰古迹。1979年联合国教科文组织将开罗伊斯兰教老城作为文化遗产列入《世界遗产名录》。开罗大城堡区原本是萨拉丁在1176～1183年用来防卫十字军的堡垒区，城堡建在塔母山下的一个海角上，在19世纪之前，它一直是埃及政府的中心。在19世纪上半叶，穆罕默德·阿里拆除了大城堡区的许多旧建筑，并在整个遗址上建造了新的宫殿和纪念碑。

7.5.2.7　国际交往

开罗的友好城市共有19个，主要分布在亚洲和欧洲（表7.5）。

表 7.5 开罗友好城市名单

序号	国家	城市
1	阿联酋	阿布扎比
2	约旦	安曼
3	伊拉克	巴格达
4	中国	北京
5	叙利亚	大马士革
6	巴勒斯坦	东耶路撒冷
7	土耳其	伊斯坦布尔
8	突尼斯	凯鲁万
9	苏丹	喀土穆
10	阿曼	马斯喀特
11	意大利	巴勒莫
12	摩洛哥	拉巴特
13	也门	萨那
14	韩国	首尔
15	德国	斯图加特
16	乌兹别克斯坦	塔什干
17	格鲁吉亚	第比利斯
18	日本	东京都
19	利比亚	的黎波里

7.5.3 城市发展特色

7.5.3.1 阿拉伯伊斯兰文化

开罗在千余年发展历史中经历了王朝变迁、时代变换，但依然能够对阿拉伯伊斯兰文化传承不息，并自 10 世纪起逐渐从阿拉伯伊斯兰世界的文化边缘位置进入到文化中心位置，在城市风貌布局、城市历史街区、城市建筑、城市社会习俗、城市节庆等方面保持了中世纪的传统，并从近代以来在阿拉伯文学、阿拉伯语、阿拉伯音乐、阿拉伯电影和戏剧、阿拉伯教育等方面为阿拉伯伊斯兰文化注入新的形式和内涵，实现对文化遗产可持续的发展和利用。得益于各朝代统治者对阿拉伯伊斯兰文化的保护和尊重，以及近代以来开罗社会形成较为强烈的文化自觉意识，开罗得以在传承阿拉伯伊斯兰文化的同时吸收各类文化中的先进之处，为自身文明的发展注入新内涵。

7.5.3.2 依托港口和贸易发展

贸易推动的经济发展促进了开罗的城市发展，促进了人口增长，扩大了城市范围。贸易推动商业区发展，商业区对开罗城市中心的居民区挤占严重，居民因此纷纷向西、南两侧迁移，这一过程促进了城市范围的扩大。此外，贸易港口的开辟扩大了开罗城市发展，使得商业中心向西移动，这为穆罕默德·阿里时代工业区的建设打下了良好基础。当前全球化贸易推动现代开罗进行城市改造，营造良好的城市环境。

7.5.3.3 特色旅游业繁荣发展

开罗历史文化悠久，旅游业发展条件得天独厚。开罗市区西南矗立着古代世界八大奇迹之一的金字塔和狮身人面像。2019 年，埃及旅游收入达到 130 亿美元。

7.5.3.4 建设新城疏解人口提振经济

为了提振经济，解决开罗人口增长和城市老化问题，2015 年埃及政府在位于开罗东部的沙漠地带规划了一个新首都项目，计划将其打造为占地约 700 km²，以行政、金融、商业、旅游为特色的新型城市。该项目建成后，将助力疏散首都人口压力，缓解交通问题，创造就业机会，吸引世界范围内的投资。

7.6 布宜诺斯艾利斯

7.6.1 自然地理特征

7.6.1.1 地理位置与面积

布宜诺斯艾利斯（Buenos Aires）位于南美洲第二大河流——巴拉那河的入海口，是阿根廷共和国的首都，全国政治、经济、文化和交通中心。其地理坐标为 34°35′S，58°22′W，位于南美洲东南岸（图 7.31）、潘帕斯平原东部，对岸为乌拉圭东岸共和国，城市面积为 203 km²。布宜诺斯艾利斯位于巴拉那河河口，是河口南端最大的港口城市，城市建设与巴拉那河自然环境保护之间存在权衡问题，是城市规划需重点解决的关系。

布宜诺斯艾利斯市原属于布宜诺斯艾利斯省，在 1880 年，阿根廷联邦政府宣布其归联邦直辖并为联邦政府组成部分。在此基础上，阿根廷政府定义了不同的地理区域，如大布宜诺斯艾利斯（Gran Buenos Aires，GBA）和布宜诺斯艾利斯都会区（Área

Metropolitana de Buenos Aires，AMBA）。根据阿根廷国家统计和人口普查局（Instituto Nacional de Estadística y Censos，INDEC），大布宜诺斯艾利斯的范围包括布宜诺斯艾利斯市及环绕的 24 个区在内的城市群，面积约为 3830 km^2。

图 7.31 布宜诺斯艾利斯市卫星影像图

7.6.1.2 地形地貌特征

布宜诺斯艾利斯地处潘帕斯平原东部（图 7.32），平均海拔 25 m，沿河为低矮平坦的河漫滩和高出河面 10~15 m 的平缓崖壁，地势平坦，利于城市建设和规划布局。主要河流是拉普拉塔河及其上游的巴拉那河和乌拉圭河、巴拉圭河，其中拉普拉塔河河长约 290 km，流入大西洋，其宽度从源头处大约 2 km 逐渐扩大至河口处大约 220 km，是世界上最宽的河口，河道宽，深度不大，由于地面沉陷，未形成三角洲，入海处形成巨型的三角港，为船舶出入和抛锚提供了空间。受地形及河口影响，城市的建设和扩建以及对外海陆交通条件良好，且邻近全国最富庶的潘帕农牧区，城市发展基础较好。

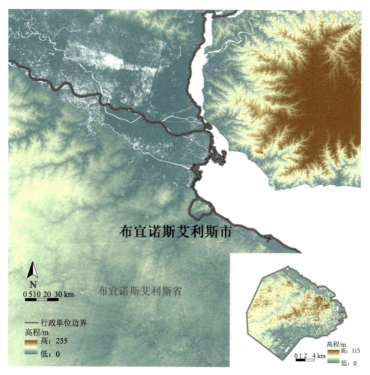

图 7.32　布宜诺斯艾利斯高程空间分布图

7.6.1.3　水资源概况

在阿根廷境内，年平均流量最大的两条河流为巴拉那河和乌拉圭河，均汇入大西洋，其中巴拉那河总长 1800 km，河流排水量为 19706 m³/s，具备大型内河航运的条件。布宜诺斯艾利斯位于巴拉那河河口，河口段约 13 万 km²，其中西北段因大量河水注入，为淡水；东南段因海洋影响，为咸水。咸淡水在河口汇集，水产丰富。同时，入海河流挟带有大量泥沙，且受到潮汐的顶托作用，泥沙在两岸大量沉积，使得三角洲地区不断扩张，从而改变布宜诺斯艾利斯、巴拉那河及滨水区的空间环境条件。

布宜诺斯艾利斯地处湿润气候区，全年雨量丰沛，平均年降水量为 1284 mm，且年际变化较大。巴拉那河流域径流量受降水量和气温等要素的共同作用，但降水量变化是影响流域径流量变化的主要因素，降水通过地表汇流能够有效补给河流径流量[83]。此外，社会经济的发展不断提高工农业需水量，河流引水量增加，是巴拉那河流域径流量变化趋势在 2000 年前后由升转降的重要原因。

7.6.1.4　气候概况

布宜诺斯艾利斯属于亚热带季风性湿润气候，四季分明、气候温和，属于典型的宜居城市。阿根廷国家气象局（SMN）数据显示，2010～2020 年布宜诺斯艾利斯多年平均气温为 18.3℃（图 7.33）。其中 2020 年的年平均气温为 18.4℃，最热月（1 月）平均气温 25.8℃，最冷月（7 月）平均气温 11.1℃。从全国来看，与 1981～2010 年气候参考数据相比，2020 年全国平均温度偏差约为 0.63℃，上升趋势显著，其中布宜诺斯艾利斯 2020 年平均气温与 1981～2010 年平均值的正偏差大于 0.5℃。

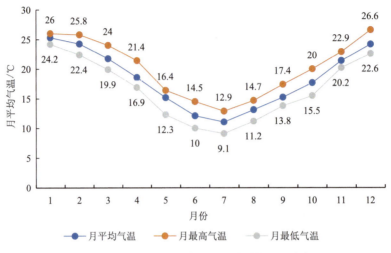

图 7.33　2010～2020 年布宜诺斯艾利斯月平均气温

布宜诺斯艾利斯地处湿润气候区，全年雨量丰沛。阿根廷国家气象局（SMN）数据显示，2010～2020 年，布宜诺斯艾利斯的平均年降水量为 1284 mm，降水的年际变化较大。其中 2020 年的年降水量为 834 mm，月降水量最大值在 3 月（158.3 mm），月降水量最小值在 7 月（6.4 mm），夏季降水量显著低于多年平均值，是阿根廷自 1995 年以来最干旱的年份（图 7.34）。从全国来看，干旱是阿根廷 2020 年典型的极端气候事件，从 3 月开始影响中部和北部的大部分省份，且持续数月。

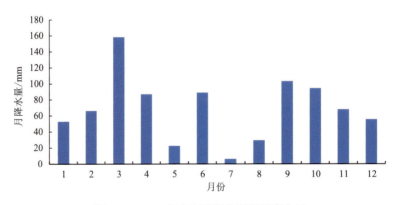

图 7.34　2020 年布宜诺斯艾利斯月降水量

7.6.1.5　土地资源

布宜诺斯艾利斯所处的潘帕斯草原是阿根廷著名的农牧业区,土壤肥沃、灌溉便利、气候温和,适于农牧业发展,耕地主要种植大豆、玉米、小麦、高粱、葵花籽、马黛茶等。

布宜诺斯艾利斯的土地覆盖类型绝大部分为建筑用地(图7.35)。巴拉那河入海时挟带有大量泥沙,且受到潮汐的顶托作用,泥沙在两岸大量沉积,使得三角洲地区不断扩张,改变布宜诺斯艾利斯滨水区的空间环境条件。

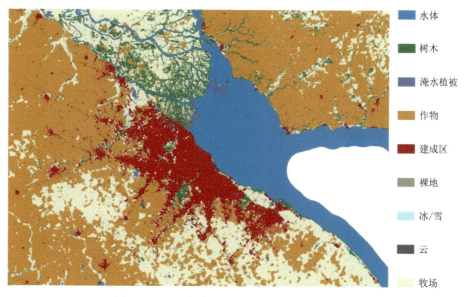

	水体
	树木
	淹水植被
	作物
	建成区
	裸地
	冰/雪
	云
	牧场

图 7.35　2021 年布宜诺斯艾利斯土地覆盖类型

7.6.1.6　能矿资源

阿根廷能矿资源丰富,其中主要矿产资源有石油、天然气、铜、金、铀、铅、锌、硼酸盐、黏土等,大部分位于与智利、玻利维亚交界的安第斯山脉附近。根据阿根廷国家统计和人口普查局(INDEC)数据,截至 2020 年,已探明的石油储量为 24.1 亿桶,天然气 3972.48 亿 m^3,该年石油和天然气的开采量分别达到 1.76 亿桶和 450.99 亿 m^3。国际油气勘探投资合作条件好,但矿产开发水平仍较低[84]。

水能是流域内的重要资源之一。拉普拉塔河-巴拉那河流域的水能资源蕴藏量约达 6500 万 kW,其中阿根廷境内可开发的年平均发电量达 950 亿 kW·h,占全国的 55%。巴拉那河干流的水能资源超 2000 万 kW,水量充沛,落差大且集中,地质条件较好,且距工业中心较近,已优先开发大型水电站,水能资源得到充分的利用。

7.6.1.7 生态资源

布宜诺斯艾利斯风光绮丽，绿化比重高，空气清新，具有良好的自然环境和生态资源。布宜诺斯艾利斯最新的树木普查显示，整个市区生长着超过43万棵树，从空中俯瞰，30%的城市面积被树冠覆盖，位居世界各大城市前列。针对树木特性与棋盘式街区布局特色不符的问题，该市通过开展树木普查、定期更新树种清单等方式及时改进规划，在保证生物多样性的同时优先考虑适应城市环境和种植地特色的本土树种，净化和降噪能力强、兼具美学观赏价值的枫树、蓝花楹、椴树等树木明显增加，保护城市生态、改善居住环境。

科斯塔内拉（Costanera Sur）生态保护区是布宜诺斯艾利斯的第一个自然保护区，位于马德罗港和拉普拉塔河之间，距离市中心仅几个街区，面积为350 km²。1986年，阿根廷野生动物协会等基金会向布宜诺斯艾利斯市政府提议建立生态保护区。同年6月，自然公园和生态保护区成立，三年后又宣布其为生态保留区。2005年，致力于保护世界湿地的《拉姆萨尔公约》授予其"拉姆萨尔遗址"（Sitio Ramsar）称号，列入具有国际重要性的湿地清单。该空间具备调节水循环、补给水源、调节气候和保护生物多样性等多种功能，具有供水、自然、文化、旅游、娱乐等多重价值，已成为鸟类、哺乳动物、昆虫和植物生存的家园，也是布宜诺斯艾利斯居民锻炼、骑行或休憩的场所。根据国际自然保护联盟1994年在国际一级确定的类别，科斯塔内拉生态保护区属于第Ⅳ类地区，即"生境／物种管制区"。第Ⅳ类地区需要积极介入管制，实现维持、保护和恢复物种及生境的主要目标。科斯塔内拉生态保护区需要积极干预，保护湿地系统，控制入侵物种，维护生境。

布宜诺斯艾利斯市植物园由卡洛斯·汤斯（Charles Thays）于1892年创建，占地超7 km²，收藏了约1500种、总数4500个标本，管理者将多数标本按其地理来源分类，分为来自亚洲、非洲、大洋洲、欧洲和美洲的物种，其中阿根廷各省的植物区系具有显著的丰富性和重要性，占地约5 km²，五大洲温带森林的物种占地约2 km²。由于完全地处城市中，布宜诺斯艾利斯市植物园成为一个具有代表性和重要性的自然库。其主要目标为保护植物群，增加物种和栖息地数量，维持生态系统平衡，增加城市生物多样性，开展与植物物种有关的研究及文化、教育和娱乐活动。

7.6.2 社会经济特征

7.6.2.1 经济发展水平

布宜诺斯艾利斯是阿根廷的经济中心，在国民经济中占有举足轻重的地位。2019年，布宜诺斯艾利斯市地区生产总值为752.87亿美元，人均地区生产总值为24507美元，约为阿根廷人均地区生产总值的 2.4 倍，是全国的工业、商业和金融中心。大布宜诺斯艾利斯是南美洲第二大都会区（仅次于大圣保罗地区），以约占全国 1/3 的人口数，贡献了近一半的国内生产总值和近 2/3 的工业产值，在世界经济中发挥着区域或全球节点的作用。

7.6.2.2 经济发展特征

布宜诺斯艾利斯市大部分地区生产总值来源于服务、贸易和制造业这三个部门，主要有化学品、食品、服装等工业以及房地产、金融、旅游等第三产业。根据阿根廷国家统计和人口普查局（INDEC）数据，布宜诺斯艾利斯市服务业所占份额最大且呈上升趋势：2004 年为 56%，2017~2019 年约为 59%；贸易占比一直保持稳定的 15%；制造业占比呈下降趋势，符合产业结构演进的一般规律。服务、贸易和制造业三个部门的企业数占该市企业总数 90% 以上。

产业升级过程中，服务业内部结构由传统服务业向现代服务业，尤其是向生产性服务业转变。布宜诺斯艾利斯市的商业服务部门包括法律、会计、咨询、建筑、技术测试和分析、专业设计、人力资源、研发等服务。2022 年，商业服务部门为布宜诺斯艾利斯市创造了 18% 的总增加值。但商业服务的增加值于 2013 年出现大幅下降，后出现五年的停滞。

2022 年，制造业为布宜诺斯艾利斯市创造了 12% 的总增加值。制造业主要集中在城市南部，市区不仅发展了包括肉、奶制品、谷物、烟草、羊毛和皮革制品等轻纺工业在内的多种制造业，还发展了汽车制造、炼油、金属加工、机械制造等产业，其中食品和制革工业最为出名。与全国总趋势相似，在 2001~2002 年危机之后，布宜诺斯艾利斯市制造业总增加值存在复苏和增长，2011 年之后该行业进入下行阶段。到 2018 年，阿根廷全国制造业总增加值比 2011 年减少了 13%，布宜诺斯艾利斯市制造业减少了 9%。

创意产业是推动布宜诺斯艾利斯市经济社会发展的新动力，符合产业升级的必然趋势。作为世界上第一个被联合国教科文组织认定的设计之都，布宜诺斯艾利斯市将发展创意产业作为实现经济振兴和城市转型的途径，依托多元、丰富的文化传统和开放、包容的移民城市特色，努力打造以设计为主导的创意城市，在时尚、建筑、工业、室内和都市设计等不同领域均蓬勃发展。其中，该市着力发展纺织、服饰、皮革三个时尚设计产业门类，服装设计产业占服装制造部门的比重近一半，目标是建成拉丁美洲设计领域的标杆城市。

INDEC 数据显示，2022 年，布宜诺斯艾利斯市的出口总额为 3.11 亿美元，同比增长 1.97%，占全国总出口额的 0.35%，相比 2020 年出口总额 38% 的降幅有所复苏。主要的出口货物包括药品、精油和电机设备。产品主要销往欧盟（43%）、南方共同市场、拉丁美洲其他地区等地。

当前，政府致力于将布宜诺斯艾利斯市打造为该地区的商贸中心之一，鼓励投资，提升人才的专业能力，迎接当前和未来在可持续性、包容性方面的重要挑战。

7.6.2.3 人口

布宜诺斯艾利斯城市人口高度集中。阿根廷永久居民调查（Encuesta Permanente de Hogares，EPH）结果显示，2021 年第四季度布宜诺斯艾利斯市常住人口数为 300.27 万人，人口密度高达 1.48 万人/km²，其中就业率为 50.6%，失业率为 4.6%（图 7.36）。对比四年内各季度数据可得到，布宜诺斯艾利斯市人口总量稳定，2020 年第二季度出现了显著的就业率降低、失业率提高的情况。阿根廷国家统计局的经济数据显示，2020 年第二季度国内生产总值环比下降 16.2%，同比下降 19.1%，创下历史最差纪录。都市区尺度上，根据联合国公开数据，2015 年大布宜诺斯艾利斯市在世界城市人口排名中位列第 12 名，预测 2025 年位列世界城市人口排名第 18 名，是南美洲第二大都会区，仅次于大圣保罗地区。2018 年大布宜诺斯艾利斯有 1496.7 万人，约占阿根廷总人口的 1/3。

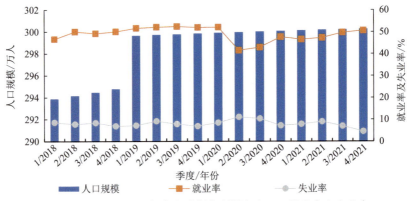

图 7.36 2018～2021 年布宜诺斯艾利斯市人口、就业率和失业率

由于低出生率和低迁入率，布宜诺斯艾利斯市人口自 1947 年起就长期稳定在 300 万人左右（图 7.37）。根据世界银行统计数据，2000～2016 年阿根廷总人口增长了 18.3%，布宜诺斯艾利斯市人口增长了 6.0%，而布宜诺斯艾利斯省人口增长了 22.8%。布宜诺斯艾利斯市的人口增幅显著偏低。回顾人口增长的历程可以发现，1870～1930 年阿根廷出现欧洲移民热潮，该时间背景下欧洲正处于工业化浪潮中，意大利、西班牙和葡萄牙等南欧的大量自由移民涌向巴西、阿根廷和乌拉圭等南美地区。其中 1895～1914 年阿根廷的外来移民中，欧洲移民占 88.4%，拉美其他移民占 7.5%。1880 年成为阿根廷首都后，布宜诺斯艾利斯市积极铺设内地铁路、开发潘帕地区，吸引了大量欧洲移民，城市用地规模和人口规模急剧增加。1869 年，布宜诺斯艾利斯市人口已达 18.7 万人，而 1895 年全市人口猛增到 66.4 万人，其中有 52% 是移民。20 世纪 50 年代后，随着城市社会经济的进一步发展和第二次欧洲移民潮的出现，城市人口和工业向市郊区扩展，城市周边卫星城镇的人口数迅猛增长。

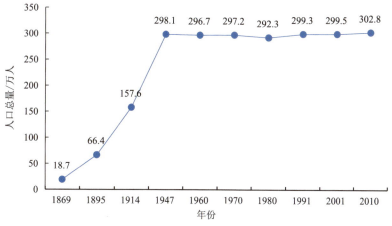

图 7.37　1869~2010 年布宜诺斯艾利斯市人口总量变化

　　布宜诺斯艾利斯市是典型的移民城市。2010 年人口普查数据显示，布宜诺斯艾利斯市人口为 302.8 万人，其中出生地为外国的人口约 38.2 万人，占 13.2%（图 7.38），女性比男性多近 4.4 万人。按出生地国家分类，来自玻利维亚、巴西、智利、巴拉圭、乌拉圭等邻近国家的比重达 54%，西班牙和意大利是其中移民数最多的两个欧洲国家。由于城市历史原因，大多数城市居民有欧洲血统，其中西班牙和意大利后裔比重较大。

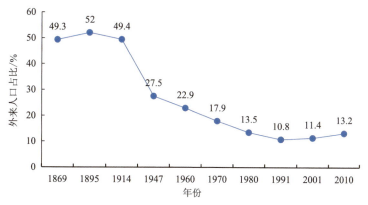

图 7.38　1869~2010 年布宜诺斯艾利斯市外来人口占比变化

7.6.2.4　城镇化水平

　　布宜诺斯艾利斯市是"大都市化"的典型代表城市，人口高度集中于城市，人口城市化率显著高于南美洲平均水平及中等收入偏上国家平均水平。根据联合国公开数据，1950 年阿根廷城市化率已达到 65.3%，到 2020 年，92.1% 的居民住在城镇地区，存在明显的"过度城市化"现象。阿根廷的城市化与一般资本主义国家城市人口增长的规律存在不同，后者主要是失地农民流入城市，带来城市人口的增长，而阿根廷的人口增长主要归因于移民的大量迁入。19 世纪八九十年代，首都布宜诺斯艾利斯市的确立巩固了统一局面，引发人口总量和城市人口的迅猛增长，且工业化进程的推进使得移民无法获得土地，转而涌入城市，城市的制造业、服务业等部门吸纳了大量劳动力[85]。

布宜诺斯艾利斯市的首位度极高，集中了全国约38%的人口，这主要归因于历史上殖民地政治和经济控制的需要与政府管理者用城市化解决现代化问题的思想。20世纪后半期，布宜诺斯艾利斯市的人口向大都市区外围迁移，首都人口集聚度显著下降，周边卫星城镇的人口数迅猛增长，且出现精英群体郊区化现象，城市模式由开放式向封闭式发展。

7.6.2.5 基础设施建设

依据腹地和地理特征，阿根廷的港口主要分为位于巴拉那河上的港口和位于布宜诺斯艾利斯省的南大西洋港口两个区域类别。布宜诺斯艾利斯港（Buenos Aires）位于阿根廷巴拉那河的河口，水深10 m左右，从河口到大西洋约240 km，河面宽阔，为船舶出入和抛锚提供了空间。且位于河口三角洲，地势平坦开阔，陆上腹地广。布宜诺斯艾利斯港通过通航河流系统与巴西、巴拉圭和乌拉圭相连，使其成为南美洲重要的分销中心。制造业是布宜诺斯艾利斯市的重要产业部门，也是布宜诺斯艾利斯港经济的一个重要组成部分。根据港口管理总署官网，该港每年的货运总量为150万标准箱，并运营着全国62%以上的集装箱货物，每年接收约1200艘船只，主要输出牛肉、谷物、羊毛、皮革、亚麻等产品，出口总值约占全国的30%；输入机器、钢铁、燃料和工业品，进口总值约占全国的40%。此外，该港还负责机车、货车和铁路材料的卸载，激活货运列车网络。

布宜诺斯艾利斯港是一个多式联运港口，即通过不同运输方式之间的衔接使货物可以进口或出口。阿根廷其他省份通过公路、铁路和河流运输货物到达港口管辖区，实现全国范围内的连通。此外，布宜诺斯艾利斯是阿根廷三大邮轮港口之一（还包括乌斯怀亚、马德林港），其中布宜诺斯艾利斯港在2019～2020年共接待超36万名乘客。

港口与城市紧密相连。港口由新港（Puerto Nuevo）和南港（Dock Sud）两部分组成，前者位于城市中心区的东北部，是办公、金融等机构的核心；后者位于布宜诺斯艾利斯市边界之外，具有更强的工业性质，但仍然是布宜诺斯艾利斯城市群的一部分。集装箱港口主要由私人运营商运营，由此形成了高度的港口内部竞争。布宜诺斯艾利斯港有四个不同的集装箱码头，每个码头都由全球最大的四家码头运营商之一控制。

布宜诺斯艾利斯是阿根廷最大的陆、空交通中心，交通运输网络发达。以拉普拉塔河岸为基线，铁路、公路呈扇形向外伸展，通向各地（图7.39）。大都会列车在布宜诺斯艾利斯都会区总共有817 km的轨道。其中，五条郊区线共有245个车站，每年运送超过10亿用户，从而促进了公民在我国人口最密集地区的流动。密集的交通网络与稠密的人口高度相关，交通基础设施建设具有明显的规模效益。

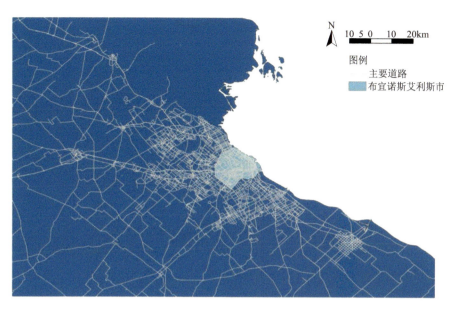

图 7.39　2022 年布宜诺斯艾利斯市道路分布

布宜诺斯艾利斯市有两个重要的国际机场，双机场服务对象和服务范围明晰，都有国际和国内航班，但各有侧重。Aeropuerto International Ezeiza（EZE）是阿根廷最大的航空港和主要的国际门户，主要以国际航班为主，是大部分中国游客踏入阿根廷的门户机场；Aeroparque Jorge Newberry（AEP）以阿根廷国内航班为主。根据阿根廷交通部公开数据，机场客运量均呈上升趋势（图 7.40），2017 年 EZE 航空客运量为 968.0 万人，其中 64% 为国际航班旅客；AEP 航空客运量为 1326.1 万人，其中 41% 为国内航班旅客。相对而言，双机场发展趋势同步。

图 7.40　布宜诺斯艾利斯市两大主要机场客运量

7.6.2.6 民族与宗教

布宜诺斯艾利斯市的人口主要由 19 世纪末或 20 世纪初来到阿根廷的意大利和西班牙移民的后裔组成。20 世纪 30 年代以来，该市的大多数新移民来自阿根廷北部（主要是印第安人和欧洲人的混合血统），以及邻近的玻利维亚和巴拉圭。此外，布宜诺斯艾利斯市的犹太人居拉丁美洲首位，居西半球第二位，仅次于美国。许多人口数量较少的少数民族倾向于在紧密相连的社区中集聚定居。

根据 2019 年阿根廷第二次全国宗教信仰和态度调查数据，阿根廷居民以信仰天主教为主，但信教人数呈下降趋势，没有宗教信仰的占比上升。

7.6.3 城市发展特色

7.6.3.1 港口经济发展

布宜诺斯艾利斯市拥有南美洲最繁忙的港口之一，是具有代表性的贸易城市。依托巴拉那河河口的布宜诺斯艾利斯港通过通航河流系统与巴西、巴拉圭和乌拉圭相连，发展成为南美洲重要的分销中心，且与全球约 50 个非拉丁美洲港口有直接联系，是南美东海岸连通性最好的集装箱港口之一。港口腹地广泛，不仅包括人口和经济活动中心布宜诺斯艾利斯省，还包括阿根廷的其他地区，特别是北部的科尔多巴省和圣达菲省。作为一个多式联运的港口，阿根廷其他省份通过公路、铁路和河流运输货物到达港口管辖区，实现全国范围内的连通。

港口每年的货物总量为 150 万标准箱，并运营着该国 62% 以上的集装箱货物，每年接收约 1200 艘船只，是阿根廷联通世界的重要门户。制造业是布宜诺斯艾利斯市的重要产业部门，也是布宜诺斯艾利斯港经济的一个重要组成部分。牛肉、谷物、羊毛、皮革、亚麻等是主要的出口产品，这与阿根廷在经济上对初级农产品生产与出口的高度依赖性密切相关。

为充分发挥布宜诺斯艾利斯港湖枢纽作用，港口总署不断推进港内货物运输的多式联运工程，加大港口设备投资总额，使港口基础设施适应船舶规模增长趋势和集装箱运输特点，减少码头入口处的等待时间，提高港口的物流效率，从而促进布宜诺斯艾利斯对外贸易的发展。

7.6.3.2 首都的中心地位

布宜诺斯艾利斯市是阿根廷的首都，全国政治、经济、文化和交通中心。作为南美洲人口最密集的城市之一，大布宜诺斯艾利斯是南美洲第二大都会区（仅次于大圣保罗地区）。以约占全国 1/3 的人口数，贡献了近一半的国内生产总值和近 2/3 的工业产值，在世界经济中发挥着区域或全球节点的作用。布宜诺斯艾利斯市 2020～2035 年经济发展计划提出，增加出口导向，减少对当地需求的依赖，是该市生产发展战略的中心目标之一，其中需重点提高商业服务、技术、旅游以及信息通信的国际竞争力；提高城市生产部门多样性，并确定了商业服务、金融服务、卫生服务、旅游、创意产业、计算机和教育服务七个重点领域；目标是努力打造成为全球最好的投资中心之一，促进稳定、多样化、具有竞争力和对外开放的经济发展。

7.6.3.3 多民族与多元文化融合

布宜诺斯艾利斯市是多民族、多元文化的移民城市，经常被描述为拉丁美洲最欧洲化的城市。2010 年人口普查数据显示，布宜诺斯艾利斯市人口为 289 万人，出生地为外国的人口约占 13.2%。其中来自玻利维亚、巴西、智利、巴拉圭、乌拉圭等邻近国家的比重达 54%，西班牙和意大利则是其中移民数最多的两个欧洲国家。19 世纪中叶后，移民潮的出现带动了阿根廷农业、牧业的发展。大量迁入的移民定居城市，从事市政、公共工程建设。在移民潮影响下，布宜诺斯艾利斯城市人口规模迅速扩大，到 20 世纪初，阿根廷的经济中心决定性地转移到以布宜诺斯艾利斯市为中心的东部地区。

共同居住在这个城市的不同民族和浓郁多彩的文化创造了布宜诺斯艾利斯市的多样性，不同文化的特征和特质共存，民众友善、好客、包容。探戈、博物馆、音乐会、戏剧表演等艺术和文化生活丰富多彩，探戈作为阿根廷民族文化遗产不可分割的一部分，已深刻地融入布宜诺斯艾利斯市的生活之中。此外，作为历史文化名城，布宜诺斯艾利斯市完整保留了欧洲建筑风格，广场、剧院、教堂、纪念碑等建筑具有浓厚的欧洲古典建筑艺术色彩，其中五月广场作为国家独立纪念地的同时具有历史象征意义。

7.6.3.4 创意城市设计之都

布宜诺斯艾利斯市是世界上第一个被联合国教科文组织认定的设计之都，这不仅依托于其多彩的历史和多元的文化，也受益于城市在设计产业方面长期的发展和投入。2001年，阿根廷中央政府确定了将布宜诺斯艾利斯市打造成为拉美文化大熔炉、多元文化中心、移民文化中心、创意产业中心和设计人才培训基地的战略目标。布宜诺斯艾利斯市重点考虑创意服务产业和人力资本的开发，服务业多元发达，且占经济份额过半，政企合作密切，在时尚、建筑、工业、室内和都市设计等不同领域都具有标杆性影响[86]。

例如，著名的博卡区（La Boca）是阿根廷的文化名片。很多欧洲移民到博卡区定居，囿于贫困使用船上的旧铁皮盖房，再用剩下的油漆给房子刷上了鲜艳的颜色，最终形成了一条由五颜六色的建筑和艺术涂鸦组成的探戈街，是街头艺术的典型代表。1959 年，政府将这条街道变成一条"步行街道博物馆"，让行人漫步其间，体验浓郁的艺术氛围。

当前，政府在对城市南部的棚户区进行规划设计时，纳入"创意区"的设计模式，强调城市规划中的创造力、可持续性和宜居性。其中，创意区不仅旨在刺激对贫困区的投资，还推进了一种城市品牌战略，将部分贫困的社区定位为艺术、旅游和文化生产者集中的公共空间，扩大创意阶层，使设计产业成为推动当地经济社会发展的重要因素之一。

7.7 釜　　山

7.7.1 自然地理特征

7.7.1.1 地理位置与面积

釜山是韩国第二大城市及最大港口城市和第一大贸易城市，也是世界上最繁忙的港口城市之一。历史上一直是东亚大陆和海洋文化交流的纽带和桥梁，并且因优越的地理位置发展为韩国第一国际贸易港，发挥着通向毗邻国家日本以及西欧诸国的关口作用。

釜山中心位置坐标为 35°06′N, 129°02′E, 位于朝鲜半岛东南端，全市面积 770.2 km^2。从地理位置来看，它位于连接亚洲、西伯利亚、欧洲的广阔大陆的重要节点上，向南抵达太平洋、大西洋的国际海上运输的主航道上。从纬度来看，釜山与韩国的金海、马山、光州以及国外的东京、洛杉矶等城市处于相近的纬度带上。釜山是韩国东南经济圈的经济中心，也是世界知名的物流中心和会展中心，是 2002 年亚运会和 2005 年亚洲太平洋经济合作组织（APEC）的承办城市，也是 2002 年世界杯足球赛的一个分会场。

7.7.1.2 地形地貌特征

釜山的地理特点是被山、海和江河环绕，自古以来，以号称"韩国八景"之一海云台的美丽景色为中心，这里孕育出灿烂的伽倻文化，使之散发出绚烂的光芒。釜山的地形奇特，其众多的岛屿及高山形成了壮观的天际线。其分布于影岛区的太宗台是个自然公园，海岸线上有壮观的悬崖峭壁。太宗台建有远望台，能在天气晴朗时眺望到日本的对马岛。釜山西北绵延纵伸的是太白山脉的余脉。

釜山的海岸线邻近山地，大部分地方水位很深，海岸侵蚀严重。在太宗台等岩石海岸地区有明显的海蚀崖、海蚀阶地等海岸地形（图 7.41）。凹蚀海湾有由侵蚀物形成的鹅卵石海岸、沙滩海岸等。釜山地区的海湾主要包括水营湾、釜山湾、甘川湾、多大湾等。

图 7.41　釜山卫星影像图

7.7.1.3　气候状况

釜山属多雨地区，降水量丰富，年降水量超过 2000 mm。夏季清爽宜人，是降水量最多的季节，占年总降水量的 50%～60%（图 7.42）。

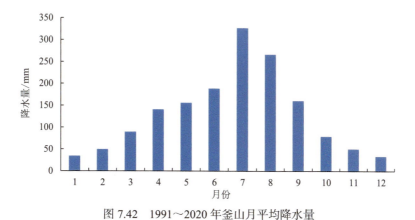

图 7.42　1991～2020 年釜山月平均降水量

如图 7.43 所示，釜山位于东亚季风明显的欧亚大陆东部的韩半岛东南端，面临大海，夏季平均气温在 20.7～25.9℃，冬季则在 3.2～5.8℃，夏天和冬天的温差较小，四季变化明显，属于典型的海洋性气候[87]。风力比其他地区强，夏季凉爽，冬季温暖，气温很少降至零下，适于人们生活。由于西北部的小白山脉挡住了冬季寒冷的西北风，釜山气候比较温暖，年平均气温为 15℃，全年 0℃ 以下的平均天数不到 10 天。

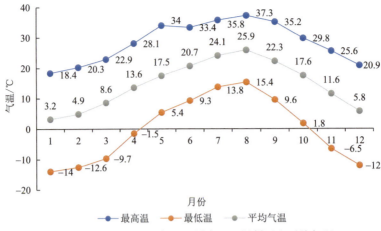

图 7.43 1981～2010 年釜山最高温、最低温和平均气温

7.7.1.4 生态资源

釜山被称为大海、高山、大河和谐相融的"三抱之乡"。山地、森林、湿地等面积约占 40%。釜山大渚生态公园拥有全韩国最大的油菜花田，每逢春天，金黄的油菜花与粉色的樱花相映生辉。此外，釜山是韩国的温泉之乡，有著名的东莱温泉和海云台温泉。这些泉水的水质在韩国是数一数二。釜山所在海域盛产鱼类和各种海洋生物，产量较多的有明太鱼、鲇鱼、鲭鱼、面条鱼、秋刀鱼、比目鱼等。

7.7.2 社会经济特征

7.7.2.1 经济发展水平

2019 年釜山地区生产总值约 93.01 万亿韩元（约合人民币 5122.06 亿元），在韩国 17 个市道中排名第 6，同比增长 2.5%，人均地区生产总值 4511.80 万韩元。2020 年出口额为 113.2 亿美元，在韩国排名第 11，占比为 2.2%。釜山作为韩国东南经济圈的经济中心，是世界知名的物流中心和会展中心。每年举办的釜山国际电影节是亚洲顶级的电影节之一。位于釜山的新世界（Centum City）是世界上最大的百货商店，并已被记录为吉尼斯世界纪录。

7.7.2.2 经济发展特征

釜山主要产业为旅游、会展、航运、机械制造、汽车及船舶零配件制造等。市内拥有韩国产业通商资源部指定的"釜山镇海经济自由区"；中小风险企业部指定的"区块链""海洋交通""氢环保能源""放宽管制特区"；国土交通部指定的"鸣旨、菉山国家产业园区"。釜山市各产业在经济结构比例如图 7.44 所示，服务业占 64.40%，矿业制造业占 27.40%，建设业占 8.0%，农林渔业占 0.20%。

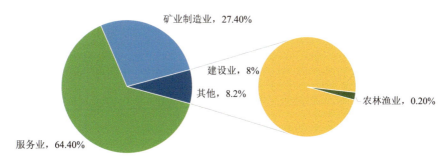

图 7.44   釜山各产业在经济中的结构比例

1）运输业

釜山港 1876 年以釜山渡的名字开港，1906 年开始建设码头，经过不断地发展，已成为现代化的大港口。目前由北港、南港、甘川港、多大浦港组成的釜山港是韩国第一大港口，每年处理韩国 40%以上的出口货物，85%的集装箱货物和 40%的水产品。釜山是韩国最大的港口，也是世界最繁忙的港口之一。海洋运输是釜山经济的最重要构成。

2）服务业

西面街是釜山最拥挤的商业中心，平均每天有约 100 万流动人口。札嘎其市场则是韩国历史最悠久也是最大的水产品市场。此外，釜山还拥有世界上最大的百货商店——新世界（Centum City）。

3）金融业

釜山-镇海自由经济区的建立进一步巩固了釜山国际贸易中心和地区金融中心的地位。韩国唯一的证券交易所韩国交易所（KRX）总部也设在釜山。

4）工业

釜山的工业以纺织、服装、制鞋、胶合板、钢铁制品、造船等为主。釜山工业区分为沙上工业区、新平长林产业园区以及影岛区、忠武区、东莱区、龙湖和西面区。其中沙上工业区和新平长林产业园区是为将工厂从居民区迁出而建的工业园，发展以铸造为主的各种工业。影岛区是釜山最老的工业区，以造船、金属机械等工业为主。忠武区是水产品加工和印刷业的集中地。

5）文化旅游产业

釜山是著名的世界观光城市，有"节庆之都""影像名城""文化活动的天堂"等称号。釜山庆典活动的形式和数量丰富多样，釜山国际电影节、釜山海洋节等都已成功举办多届，尤其是釜山国际电影节，是亚洲最具影响力的电影盛事之一。釜山国际电影节创办于 1996 年，是在韩国政府推动本土影视发展的背景下创办的。从 1998 年起，韩国政府提出"文化立国"，大力发展文化产业，颁布了《文化产业振兴基本法》，将文化产业作为 21 世纪创造高附加值的重点发展产业，制定了文化产业中长期发展规划。其中，把影视产业作为文化产业的主导产业发展。正是在这样的背景下，诞生了釜山国际电影节。釜山国际电影节迅速发展壮大，已颇具国际影响力。

7.7.2.3 人口特征

釜山人口 1951 年剧增到 844134 人。1955 年达到 1049363 人。从 1970 年到 20 世纪 90 年代，釜山人口一直在增长，1990 年釜山市人口超过 388 万人。之后釜山的人口开始出现减少。直到 21 世纪初，人口再次开始增长，2010 年人口总数达 3600381 人。由于人口逐渐向首尔等地区迁移，人口持续减少。截至 2021 年 12 月末，釜山总人口为 3396109 人（较前一年减少 42601 人）。从性别结构来看，男性占 49%、女性占 51%。居住在釜山地区的外国人口为 45729 人（较前一年减少 1035 人），占比 1.3%。

7.7.2.4 基础设施特征

1）交通路网

釜山是韩国的第二大都市，也是重要的交通枢纽。京釜高速公路、京釜高铁是连接韩国两大城市首尔和釜山的重要交通要道。京釜高速公路是韩国南北物流的最大动脉，同时也是汉江奇迹最重要的经济建设之一，京釜高速公路的通车改善了韩国的物流，使得韩国国内的产业运输更加便捷和高效。

此外，釜山还与东海南部线，南海高速相连。位于釜山江西区的金海国际机场是韩国主要的国际机场之一，开通有飞往首尔、济州岛，日本、中国等地各城市的国内、国际航线。负责运输进出口货物的城市高速公路和连接南北城市的中央路是釜山市内的主要道路。

2）港口和物流

韩国的主要港口包括釜山港、仁川港、群山港、马山港、木浦港、浦项港、东海港、蔚山港、丽水港和济州港。釜山港为韩国最大港口。1986 年，釜山港开始跻身全球十大集装箱港口。

釜山是韩国东南经济圈的经济和物流中心，是依托釜山港发展起来的港口城市。釜山港位于韩半岛东南端,起着连接太平洋和亚洲大陆的枢纽作用。2020 年货物吞吐量 4.11 亿 t，在韩港口货物吞吐中占比 27.2%；集装箱吞吐量 2182.4 万标箱，占韩港口集装箱吞吐量的 75%。

7.7.3 城市发展特色

7.7.3.1 打造国际航运中心

釜山港被山和岛屿环绕，港内水平如镜，潮水落差小，与世界主要海运航线相连，具有得天独厚的港口条件。釜山在 2020 年公布《第四次韩国港口基本规划》，计划打造智能、高附加值、可持续性等应对全球港口发展趋势的港口。随着该基本规划的推进，新港在开发的同时还推动着港口腹地园区开发项目。釜山港作为全球综合服务港口，将进一步巩固其东北亚大型港口的地位。

7.7.3.2 国际影响力的文化影视产业

连接亚洲、欧洲和北美，让釜山逐渐成为一个多种文化共存的国际性都市。2014 年，釜山入选联合国创意城市网络的"电影之都"，釜山国际电影节已发展成为亚洲首屈一指的电影节。釜山以釜山国际电影节为基础，集中培养电影、影像产业为未来战略产业。以电影的殿堂为中心，建立了釜山文化内容中心、影像后期制作设施、影像创业中心、媒体中心等引领制作、产业、艺术电影的大众化的各种影像设施。

7.7.3.3 治理大气等生态环境

为实现釜山港和城市的可持续共存发展，釜山港湾公社（BPA）制定了《釜山港大气环境改善推进战略（2021—2025）》，对雾霾治理和空气质量提出高要求。该战略不仅在港口内的运输和装卸设备方面推广环保燃料的使用，还预计扩大到外部运输车辆上。釜山港还将积极推进液化天然气加注工程，在扶持相关基础设施的同时，持续引入岸电设备，以改善港口大气质量。

7.8 胡 志 明 市

7.8.1 自然地理特征

7.8.1.1 地理位置与面积

胡志明市位于越南东南部，大致地理位置为 10°22′13″N～11°22′17″N，106°01′25″E～107°01′10″E，距离首都河内 1730 km，位于越南南部安南山脉南端的圣雅克角西北约 100 km 处。其西北方比邻西宁省，北方比邻平阳省，东方和东南方分别为同奈省和巴地头顿省，西面为隆安省，南部海岸线长 15 km（图 7.45）。

图 7.45　胡志明市卫星影像图

7.8.1.2　地形地貌特征

整个中南半岛地表形态为山河相间，南北纵列分布。其北端与中国青藏高原相连，地势北高南低，山脉多为南北走向。从中南半岛的地形单元上来看，多山地和高原，北部海拔达 3000 m 以上，南部为平原三角洲，地势较为平坦，平均海拔约为 100 m。越南位于中南半岛东部，丘陵、山地和高地占全国面积的 3/4，山系从西北边境延伸到越南南部、东部，全长 1400 km。湄公河三角洲平原在胡志明市周围，由湄公河及其支流挟带的大量沉积物堆积形成，面积达到 4 万 km²，地势极为低平，有广泛的低洼地区。

7.8.1.3　气候与水资源概括

胡志明市为热带季风气候，平均湿度为 75%。越南南部和中部全年气温都很高；越南北部有一个明显的凉爽季节，因为北方季风偶尔会带来来自中国的冷空气。而在越南南部，低地不受北方寒冷空气的侵袭，旱季温暖至炎热，阳光充足。胡志明位于越南的南方因此天气较热，四季如夏，1991～2020 年，平均每月最低温度在 23.1℃，最高温度在 34.9℃（图 7.46）。冬季偶尔会有寒潮，但仍保持相对温暖。5～9 月，南方季风进入，越南以南风到东南风为主。从 10 月到次年 4 月，北方季风占主导地位，影响越南的以北风到东北风为主。每个季风季节之间都有一个过渡期，此时风量较小且多变。通过雨量将一年分为两个明显的季节——雨季和旱季。如图 7.47 和图 7.48 所示，胡志明市雨季介于 5～11 月，每月平均降水量在 128～273 mm，其中 6～10 月的每月降雨天数均大于 15 天;旱季在 12 月到次年 4 月,每月平均降水量在 8～57 mm,每月降雨天数小于或等于 5 天。

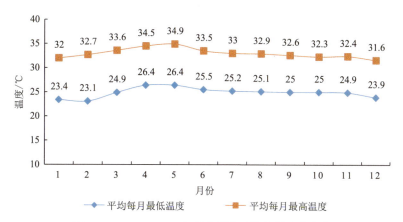

图 7.46 1991～2020 年胡志明市平均每月温度变化

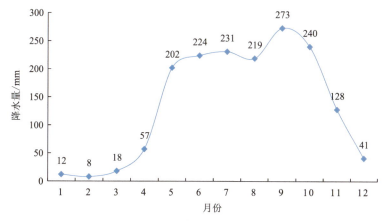

图 7.47 1991～2020 年胡志明市每月平均总降水量

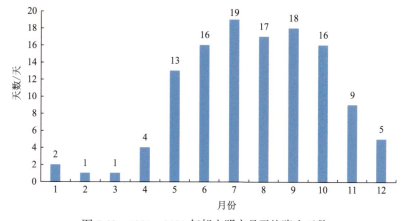

图 7.48 1991～2020 年胡志明市月平均降水天数

7.8.1.4 土地资源

在胡志明市都会区，大都市区覆盖大部分地区。东南部加前江和隆安省正在规划一个面积达 30 km^2、人口 20 万居民的城区。根据土地利用规划，截至 2020 年，胡志明市农业用地面积为 8.8 万 hm^2，非农业用地面积为 11.889 万 hm^2，未利用土地面积为 309 hm^2，高科技园区面积为 913 hm^2，城市用地面积为 6.27 万 hm^2 [88,89]。

7.8.1.5 生态资源

东南亚地区光照充足雨水充沛，使得其成为世界生产盛产稻米的地方之一，有"世界谷仓"的美誉。东南亚生产棕榈油、橡胶、咖啡、椰子等，并在世界上有着重要甚至处于垄断的地位。东南亚各国除老挝外，均有漫长的海岸线和广阔的海域，渔业发展潜力巨大。

胡志明市设有莲花池文化公园、仙泉旅游公园和西贡动植物园等。其中仙泉旅游公园是在胡志明市第九郡的游乐场，其地形、景点与越南历史传说有关，内部不仅设有传统的主题公园设施、景点，还设有一座郁郁葱葱的花园和一座动物园；西贡动植物园位于胡志明市第一郡，是越南最大的动植物园之一。

7.8.2 社会经济特征

7.8.2.1 经济发展水平

胡志明市是越南经济的重要驱动力。胡志明市只占越南全国土地面积的 0.63%，但人口占比超过 9.35%，并占了越南 GDP 的 23%、工业产值占全国的 27.9%、外国直接投资占全国的 34.9%。截至 2021 年，胡志明市地区生产总值规模达 571 亿美元，市内人均地区生产总值达到 6229 美元。如图 7.49 所示，2021 年胡志明市地区生产总值结构为农业、林业和渔业占 0.61%，工业和建筑业占 21.38%，服务业占 64.52%，产品税（扣除产品补贴）占 13.49%。在 2021 年第三季度和第四季度的大幅负增长 24.97% 和 11.64% 之后，胡志明市经济逐步复苏回升，2022 年第一季度达到 1.88% 的正增长。随着胡志明市重新开放经济活动，工业成为恢复最快的行业，为约 200 万工人提供就业机会。2022 年前 4 个月工业生产回暖趋势较为明显，增长 2.6%，其中 4 个重点工业行业组（电子行业、食品加工、高档纺织品、机械工程）增长 6%[①]。

---

① 胡志明市经济努力迎难而上、创造奇迹. https://zh.vietnamplus.vn/胡志明市经济努力迎难而上创造奇迹/164959.vnp [2022-10-12].

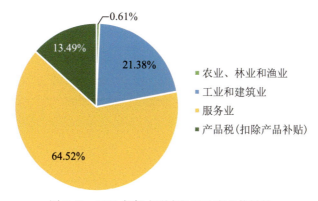

图 7.49　2021 年胡志明市地区生产总值结构

7.8.2.2　经济发展特征

胡志明市的经济涵盖不同领域，从采矿、海产品加工、农业、施工至旅游、金融业、贸易。截至 2021 年，胡志明市有超过 44 万家企业，包括许多大型企业，涉及高科技、电子、加工、轻工业、建筑建材、农业产品等行业。2022 年，胡志明市在吸引外资方面创了近 5 年来的新高，同时，越南国内新设企业也保持良好的增长态势。自 2022 年初至今，胡志明市还批准 1632 名外国投资者合资、购买股份近 9.26 亿美元，同比下降 19.7%[①]。

2010～2017 年，在胡志明市注册登记的外国直接投资行业结构也发生着显著的变化，其中外资投资占比最高的行业从房地产业变为制造、加工业。2010 年后房地产业占比迅速缩小。制造、加工业比重呈现先增大后缩小的特征，于 2013 年达到最大值后逐渐降低。对于胡志明市的电力、燃气、水行业投资占比，在 2017 年比重上升至第二位，在过去的几年中与房地产业交替成为第二大投资行业（图 7.50）。

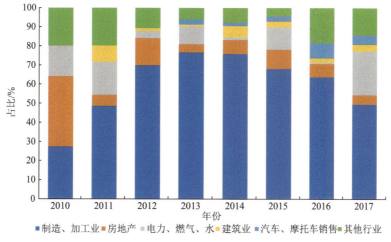

图 7.50　2010～2017 年注册登记的外国直接投资行业分布

---

① 胡志明市经济继续呈现复苏态势. hochiminh.mofcom.gov.cn/article/jmxw/202205/20220503309660.shtml[2022-10-12].

7.8.2.3 人口

根据官方统计资料，截至 2004 年 10 月 1 日，胡志明市人口总数为 611.7 万人；截至 2007 年，胡志明市人口总数为 665.1 万人；截至 2009 年，胡志明市人口总数为 716.3 万人，约占越南人口 8.34%，使其成为全越南人口最集中的地区，也是人口最多的省级行政区。作为越南最大的经济和金融中心，近年来胡志明市吸引了越来越多的外省移民，因此人口仍然快速增长。2012～2016 年，全市累计人口增加了 130 万，2017 年总人口已上升至 876 万，2020 年胡志明市的人口总数已超过 1000 万（不包括移民人口）。

越南也是世界上人口密度最高的国家之一，2019 年人口密度为 290 人/km²，主要分布在沿海地区，北部的红河三角洲平原是越南人口最密集的地区。而胡志明市是越南人口密度第一的城市。

7.8.2.4 基础设施建设

1）航空

新山一国际机场为目前越南境内最大的机场，每年约有 1550 万旅客，占越南航空客运量的一半以上；隆城国际机场位于胡志明市东北 40 km 的同奈省隆城县，是胡志明市正在施工中的国际机场。

2）铁路

南北铁路是越南连接河内至胡志明市铁路。铁路总长 1726 km。此线使用 1 m 轨距，平均时速 50 km，从河内到胡志明市需要 32 h 以上。西贡站位于胡志明市第三郡第九坊阮通路 1 号，是河内至西贡的南北铁路的终点。

3）航运

西贡港是一个位于越南胡志明市境内、西贡河上的港口，也是越南南部最重要的货物集散中心。越南国内河道很多，内河运输也较为发达，加上越南拥有着超过 3000 km 长的海岸线，其沿海港口也较为发达，50 多个沿海港口对越南的国际、国内运输有着重要的支持作用，胡志明市是重要的国际货运港口之一。

4）教育

胡志明市教育设施发达，集中了数十所大学和学院。其中，胡志明市国家大学是由胡志明市的多家大学合并而成的，是越南规模最大的大学之一。

5）医疗设施

胡志明市医疗设施全面，体系健全。胡志明市的医疗体系由市内近 100 家公共医院以及为数众多的私人诊所组成。胡志明市目前拥有中南半岛地区最完善的医疗体系，而这些医疗机构则配备有最尖端的医疗器械。完备的医疗体系和优质的医疗服务同时也吸引了大批的外国患者前来就诊。

6）城市建筑

现代化建筑发展快，以往的胡志明市较少高层建筑物，西贡时代只有红教堂、舍利寺钟楼、前南越总统府、前美国大使馆等大型地标的高度较高。但近年来胡志明市随经济增长，兴建了许多摩天大楼，主要集中在市中心的第一郡。

7）旅游设施

胡志明市旅游设施集中，有大量法国殖民时代的建筑物，另外亦有各类博物馆，如胡志明市博物馆、越南历史博物馆、战争遗迹博物馆、越南妇女博物馆、胡志明市美术馆、东南武装部队博物馆及芽荣纪念馆。位于同折路西北端、红教堂隔壁的胡志明市中央邮局，建于 19 世纪末，由法国建筑师设计，大厅内部装饰华丽，圆顶极富古典气息，是一座较大的具浓厚的法式风格的殖民时期建筑，属于重要的文化遗产。其至今仍是越南最大的邮局，并且是胡志明市重要的商业中心。西贡市政厅也被称为胡志明市人民委员会大厅，是胡志明市委员会办公室。该建筑于 1902 年兴建，在 1908 年落成，是一座具有浓烈法国风格的建筑。

7.8.3　城市发展特色

7.8.3.1　大力吸引外资投资，推进科技产业发展

胡志明市一直注重吸引外资，发展新技术产业，以充分发挥第四次工业革命带来的机遇。截至 2022 年，胡志明市高科技工业园建设了 7 个功能分区，为吸引发展高科技的投资创造了有利环境。截至当年 6 月，胡志明市高科技工业园已吸引 160 个项目（仍有效），其中高新技术生产项目 70 个，高新技术服务项目 19 个，研发（R&D）项目 19 个，培训项目 9 个，高科技辅助的工业项目 23 个，商业和服务项目 9 个，基础设施建设项目 11 个。其中，有英特尔、Jabil（美国），Nidec、Nipro、NTT（日本），三星（韩国），Datalogic（意大利）等世界知名科技公司品牌在内的 51 个外资项目[①]。此外，为了吸引龙头企业，胡志明市促进成立总面积 300 km² 的高新技术配套产业园区，力争创造高新技术配套产业园生态体系。该生态体系不仅服务于高科技企业，而且构成了该市现代制造业的支柱。在招商引资战略中，胡志明市高科技工业园优先考虑具有先进技术、新技术、高科技、清洁技术、现代管理、高附加值、影响力大、连接全球生产链和供应链的项目，重点优

---

① 胡志明市高科技园区吸引外资超 100 亿美元. http://hochiminh.mofcom.gov.cn/article/jmxw/202209/20220903348087.shtml [2022-10-12].

先吸引微电子-信息技术-电信、精密机械-自动化、应用于制药和环境的生物技术、新能源-新材料-纳米技术 4 个重点领域项目。同时，胡志明市多媒体与互联网发展迅速，媒体业在全国较为发达。

7.8.3.2　经济结构全面

胡志明市是越南最大的经济和金融中心，是越南的经济的重要驱动力。工业产值及外资占比高。外省移民多，人口增长迅速，劳动人口多。其经济涵盖领域广，经济结构中服务业占比最大，消费需求远高于越南其他省市。胡志明市有数百家电影院和剧院，电影院和具有戏剧性的票务收入在这个行业占越南总收入的 60%～70%。工业和建筑业占比较大，市内大型企业多，投资对象以高科技、房地产项目最为热门，投资量大。

7.8.3.3　重要的港口与交通枢纽

胡志明市是越南南方的重要交通枢纽，有越南最大的内河港口和国际航空港。胡志明市境内、西贡河上的优良的商业吞吐港西贡港，年吞吐量可达 450 万～550 万 t。西贡港是越南南部最重要的货物集散中心，港口吞吐量大。港口机能迁移后，吞吐量增加，将在航运方面提供更大的经济效益。胡志明市铁路可通往河内及其他大、中城市，公路可通往全国各地，经公路或水路可通往柬埔寨和老挝。胡志明市有良好的国际航空港，可通往曼谷、吉隆坡、马尼拉。

7.8.3.4　旅游业发达

胡志明市在法国殖民统治时期为南圻首府，社会经济发展受西方影响，曾有"东方巴黎"之称。胡志明市拥有众多法式建筑，这些法式建筑具有相当浓厚的法兰西文化风格和很高的观赏价值，吸引了众多海内外游客。胡志明市是最多游客到访的越南城市。

7.8.3.5　体育与娱乐业繁荣

胡志明市有 91 个足球场、86 个游泳池、256 个健身房。市里最大的体育场是有 25000 个座位的统一体育场，位于第 10 郡第 6 坊陶维慈街。第二大的是第七军区体育场，位于新平郡新山一机场附近，2007 年曾为亚足联亚洲杯决赛场地。胡志明市体育运动部还管理一些俱乐部，包括潘廷逢、清多、歌骄等。胡志明市还有一些足球俱乐部。最大的俱乐部是胡志明市足球俱乐部，主场地在统一体育场。他们赢得四次越南足球甲级联赛的冠军（1986 年，1993～1994 年，1997 年和 2001～2002 年）。胡志明市公安足球俱乐部在 1995 年赢得了联赛冠军。胡志明市近年举办了部分国际体育赛事，如东南亚足球协会

（ASEAN Football Federation）室内五人足球锦标赛和越南垂直竞跑。也有其他一些体育代表队，如排球、篮球、象棋、田径、乒乓球等。

7.9　上　海

7.9.1　自然地理特征

7.9.1.1　地理位置与面积

上海市范围为 31°14′N，121°29′E，地理位置优越，位于中国第一大河流——长江的入海口。地处太平洋西岸，亚洲大陆东沿，长江三角洲前缘。东濒东海，南临杭州湾，西接江苏、浙江两省，北濒长江，与长江入海口相邻，长江在此汇入东海（图 7.51）。上海市位于中国南北弧形海岸线中部，交通便利，腹地广阔，是一个良好的江海港口，也是中国经济发展最活跃、开放程度最高、创新能力最强的区域之一，已基本建成国际经济、金融、贸易、航运中心。

2021 年末，上海全市土地面积为 6340.5 km^2，下辖 16 个区，共 107 个街道、106 个镇、2 个乡。境内辖有崇明、长兴、横沙三个岛屿，其中崇明岛是中国的第三大岛。

图 7.51　上海市卫星影像图

7.9.1.2 地形地貌特征

上海市是长江三角洲冲积平原的一部分，除西南部有少数丘陵山脉外，整体地势为坦荡低平的平原，陆地地势总体呈现由东向西低微倾斜，地势坦荡低平，起伏不大，为城市建设提供了充足空间。上海市地理国情普查公报数据显示，上海市平均海拔为2.19 m，市域范围内海拔最高点是位于金山杭州湾的大金山岛，海拔为 103.70 m；第二是位于松江的西佘山，海拔为 99.26 m；第三是位于松江的天马山，海拔为 98.62 m。

长江河口属于径流/潮流双向胁迫型河口，既有河川径流下泄，又有潮流上溯，来沙来水量大，潮流作用显著。受径流和潮流双向影响，河口经多年形成了"三级分叉、四口入海"的河势格局，有利于建设形成优良的江海港口。以崇明岛为界分为南支与北支，南支又以长兴岛、横沙岛为界分为南港与北港，南港再以九段沙为界分为南槽与北槽。

7.9.1.3 水资源概况

上海市河网密布，水资源充足。上海市地处长江、太湖两大流域下游，且三面环水，东临东海，北临长江口，南靠黄浦江，河网大多属黄浦江水系，主要有黄浦江及其支流苏州河、川杨河、淀浦河等（图7.52）。其中，长江流量为30146 m³/s，在世界入海口城市中排名第四，具备大型内河航运的有利条件。黄浦江流经市区，终年不冻，是上海的水上交通要道，也是上海市的地标河流，始于上海市青浦区朱家角镇淀峰的淀山湖，在市中心的外白渡桥接纳吴淞江(苏州河)后从吴淞口注入长江,全长约113 km,河宽300~770 m。黄浦江流经上海市区，将上海分成浦西和浦东，是长江汇入东海之前的最后一条支流。苏州河是上海市境内主要河流之一，自上海市青浦区白鹤镇进入上海市境，至外白渡桥东侧汇入黄浦江，长度约为 53.1 km，境内最宽 600~700 m，市区河道最狭处40~50 m。

上海市位于季风气候区，水资源数量相对丰沛。2021 年上海市平均降水量为1474.5 mm，属丰水年。年地表径流量 45.59 亿 m³，地下水与地表水资源不重复量 8.27亿 m³，本地水资源总量 53.86 亿 m³。太湖流域和长江干流是境内主要的过境水源，其中太湖流域来水量主要经黄浦江干流下泄排入长江口。2021 年太湖流域来水量 181.6 亿 m³，长江干流来水量9966 亿 m³。然而，水资源质量受影响因素复杂多变，水资源安全保障风险高，区域内水资源长期受流域来水及近海潮汐咸潮的影响[90]。此外，上海市地下水资源较丰富，但地下水开发利用受地质环境约束程度较高，历史上不合理的开采已造成了严重的地面沉降，目前上海市严格管控地下水开采。综合而言，上海市是典型的水质型缺水城市，城市可持续发展必须要解决水资源安全保障问题。

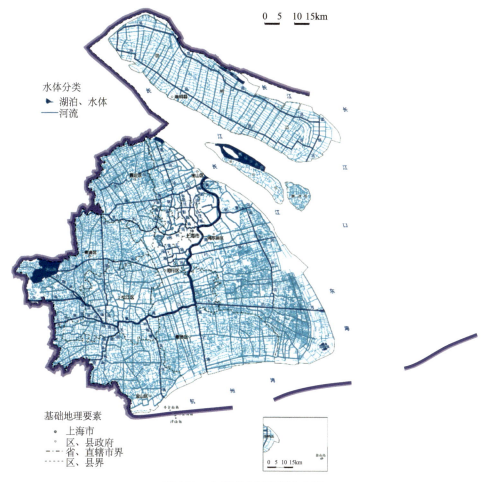

图 7.52   上海市水域空间分布图

上海市水资源开发利用量近年来总体上呈现上升态势，水资源安全保障、水生态环境建设、绿色发展已成为重要的区域话题。2021 年上海市公共供水用水中，工业用水占16%，城镇公共用水占 34%，居民生活用水占 47%，生态环境用水占 3%，全市人均年用水量 311 m³。根据《全国水资源综合规划（2010—2030 年）》及政府机构要求，上海提出水资源保护目标红线，明确上海 2030 年取用水总量为 133.62 亿 m³，水功能区水质达标率达到 95%以上。

7.9.1.4   气候概况

上海市属于北亚热带季风性气候区，气候温和湿润，适宜居住。地理位置纬度适中且三面环水，四季分明，雨量充沛，春秋较短，冬夏较长。根据 2020 年气象数据（图 7.53），全市平均气温 17.8℃，日照 1839.4 h，极端最高气温 37.6℃，极端最低气温-6.7℃，降水量 1660.8 mm。全年 67.6%以上的雨量集中在 6～9 月，6 月中旬至 7 月上旬为梅雨期。

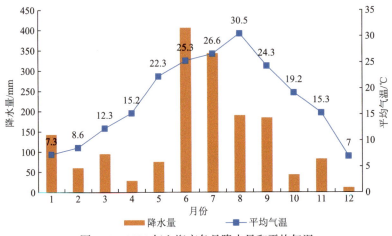

图 7.53　2020 年上海市各月降水量和平均气温

7.9.1.5　土地资源

上海市重要自然资源涉及耕地、林地、湿地、河湖水面等。其中，上海市水网密布，江、河、湖、海通达性强，土地开发利用便利，且土地质量好、地势低平、生产潜力大，适宜农业生产或建设用地开发，为城市发展提供了广阔的腹地空间。此外，河口三角洲泥沙淤积使得滩地不断向外扩张，面积也逐年增加，提供了一定的土地后备资源。但上海人口密度高，人多地少，土地资源利用率要求高。

根据 2017 年上海市第一次地理国情普查数据，上海市种植土地总面积为 2705.56 km²，林草覆盖总面积为 1035.77 km²，水域总面积达 925.31 km²。其中从地区分布看，植被覆盖、裸露地、水域等自然地理要素中 4.24%分布在外环以内，95.76%分布在外环以外。第三次全国国土调查显示，截至 2019 年底，上海市耕地规模为 243 万亩①，与《上海市城市总体规划（2017—2035 年）》目标相比仍有一定的余量。《上海市生态空间专项规划（2021—2035）》明确到 2035 年，上海市域生态用地要占市域陆域面积的 60%以上，保有 150 万亩永久基本农田和 202 万亩耕地，森林覆盖率达到 23%左右。《上海市城市总体规划（2017—2035 年）》也提出，3200 km² 为上海建设用地的上限。在此背景下，上海市面临城市建设和生态环境保护的双重压力，如何把握二者之间的关系是上海市土地资源保护和利用工作的重点内容，要守住耕地红线，防止耕地"非粮化"，提高建设用地节约集约程度，调整优化用地布局和结构。

7.9.1.6　能矿资源

上海已发现的矿产资源共 4 类 14 种，其中能源类矿产 2 种，为浅层天然气和地热；金属类矿产 6 种，为铜主生矿和银、锌、金、铁、镉伴生组分；建材及非金属类矿产 4

---

①　1 亩 ≈ 666.67m²。

种，为泥炭、安山岩、石英砂和黏土；水气类矿产 2 种，为地下水和矿泉水。上海市地质勘探与矿产资源统计数据显示，地热已查明储量为 14 亿 m^3/a。铁、铜、锌、金、银矿储量分别为 0.09 亿 t、12.19 亿 t、4.63 亿 t、0.37 t 和 233.7 t，部分探明的伴生矿产资源受环境和资源等因素制约一直未开发利用。浅层天然气、泥炭曾有零星开采，资源量有限。黏土主要分布在金山区秦望山。基于"保护耕地""保护环境""节约资源"等相关原则，上海市全面禁止所有砖瓦黏土、固体矿产资源的开采，基本完成全市历史遗留矿山、砖瓦黏土矿区地质环境恢复治理和土地复垦工作。

目前，对上海国民经济发展比较重要的矿产品有能源矿产（石油、煤）、黑色金属矿产（铁、锰、钒）、化工矿产（硫、磷、硼）、建材及非金属矿产（石灰石、玻璃硅质原料）四类，经济、社会发展对矿产资源的巨大需求主要来源于国内外市场供给。其中，石油主要来源于中东、非洲和南美等地区，煤炭则主要来源于国内主要产煤省区，铁矿石主要来源于澳大利亚和巴西。

7.9.1.7　生态资源

上海市地处长江三角洲冲积平原，北接长江口，南邻环杭州湾北部地区，内陆紧靠环太湖及环淀山湖地区，东临太平洋东海海域，生境复杂多样，河口滩涂湿地面积广袤，具有典型的河口海洋生态系统和江南水乡湿地肌理特征，也是全球候鸟迁徙带上的重要驿站。另外，上海市属于北亚热带季风气候，温暖湿润，雨热同期。独特的生态区位和自然条件，孕育了上海市丰富的生物多样性。

上海市湿地、森林自然特征为主的生态空间占比 30.29%，是我国滩涂湿地的主要分布区，拥有多样的生态系统，包括城市生态系统、农田生态系统、淡水湿地生态系统、滩涂湿地生态系统、森林生态系统等，其中长江河口湿地和青西河湖湿地为生物多样性重点区域。根据《上海市陆生野生资源监测报告（2022 年）》，截至 2022 年底，全市记录的陆生脊椎野生动物共 35 目 116 科 613 种。其中国家一级重点保护动物 28 种，如白头鹤、黑嘴鸥、黑脸琵鹭等；国家二级重点保护动物 96 种，如红隼、小天鹅、大滨鹬等。根据《上海维管植物名录（2022 版）》，上海有记录的野生植物及栽培逸生植物 1238 种（含种下等级），隶属于 148 科 609 属 1177 种。以生境条件较好、人为干扰较少的低山丘陵地区分布最多，这些地方记录有其中的 502 种，约占野生植物总数的 41%。湿地植物有 321 种，其中原生植物 200 种，约占上海原生物种总数的 1/4。按照《国家重点保护野生植物名录》，上海原生植物中有一级重点保护野生植物 1 种，为濒危物种中华水韭；二级重点保护野生植物 15 种。上海市位于长江下游冲积平原，有着悠久的农耕历史与农业文化，拥有一批优质、有特色的地方作物、畜禽水产资源，也是全国遗传资源多样性的重点区域。

作为高密度人居环境下的超大城市，上海市人多地少、自然资源紧缺、对经济密度的要求高，且供应不充分、地区不平衡的矛盾日益凸显，郊野地区生态资源优势尚未得到充分发挥，生态功能综合利用仍有待提升。为贯彻落实习近平生态文明思想，满足人民对优质生态产品的需求，支撑"生态之城"建设目标，上海市构建形成以生态保护红线及自然保护地为核心、城市生态空间网络为框架的就地保护体系。其中，生态保护红线共计25处，包括上海崇明东滩国家级自然保护区、上海九段沙湿地国家级自然保护区的核心范围等一类生态空间，以及国家级自然保护区非核心范围、市级自然保护区、饮用水水源一级保护区、国家森林公园、野生动物重要栖息地、山体和重要湿地等二类生态空间。自然保护地包括3个自然保护区，5个自然公园，以国家公园为主体、自然保护区为基础、各类自然公园为补充。

7.9.2　社会经济特征

7.9.2.1　经济发展水平

上海市是中国经济发展最活跃、开放程度最高、创新能力最强的区域之一。2021年上海市以全国0.06%的土地面积，占全国地区生产总值的3.8%，全国关区进出口商品总额的19.4%。2021年，上海市地区生产总值达4.32万亿元，同比增长8.1%，排名提升至全球城市第4位，第三产业增加值占地区生产总值的比重为73.3%，城市功能实现新飞跃，国际经济、金融、贸易、航运中心基本建成。回顾上海市地区生产总值的增长历程（图7.54），每突破1万亿元增量的时间节点分别为2006年、2012年、2017年和2021年。其中，按常住人口和当年汇率折算，2009年人均国内生产总值超1万美元，2021年达到2.69万美元，按世界银行标准已达到高收入国家和地区水平。

图7.54　上海市生产总值和人均生产总值

7.9.2.2　经济发展特征

上海市政府的产业政策、供需关系和国际贸易是产业结构调整的重要影响因素。改革开放前，上海的产业结构长期处于失衡状态，1978 年三大产业结构比重为 5.4：76：18.6，第二产业的比重过高。20 世纪 80 年代上海市开始进行产业结构调整，不断发展第三产业，对第二产业进行内部结构调整，第一产业则稳步发展。1992 年上海市明确提出大力发展第三产业，积极调整第二产业，稳定提高第一产业的"三、二、一"产业发展方针。1999 年上海市第三产业比重第一次超过第二产业，并且达到了 50% 以上，三大产业比重结构为 1.8：47.4：50.8。此后第三产业比重继续上升，成为拉动上海经济增长的主要动力，到 2021 年上海三大产业结构比重为 0.2：26.5：73.3，初步形成现代服务业为主体、战略性新兴产业为引领、先进制造业为支撑的现代产业体系。其中，上海市重点发展海洋新能源、高端装备、生物、新一代信息技术、新材料、新能源汽车、节能环保和数字创意等规模以上工业战略性新兴产业。信息传输、软件和信息技术服务业以及科学研究和技术服务业等新兴服务业快速发展，交通运输、仓储和邮政业等传统服务业明显回暖。

近年来，上海利用外资进入"结构换挡期"，形成服务经济、总部经济和研发经济为主的新格局，外资带来的创新资源要素集聚效应进一步增强。金融业方面，上海市加速发展碳金融，计划到 2025 年基本建成具有国际影响力的碳交易、定价、创新中心，基本确立国际绿色金融枢纽地位。

7.9.2.3　人口

由于大量外来流动人口迁入，上海人口总量呈不断集聚的趋势，已发展成为超大城市（图 7.55）。1953 年上海市人口总量为 620 万，位列中国城市人口第一名，是第二名北京市人口数的 2.2 倍。2020 年第七次全国人口普查数据显示，上海市常住人口达 2487

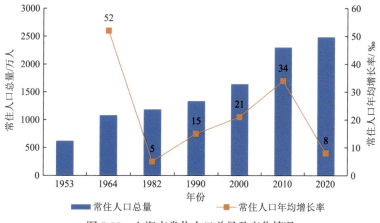

图 7.55　上海市常住人口总量及变化情况

万人，占全国总人口的 1.76%，位列中国城市人口排名第二。过去二十年内，上海市常住人口年增长率存在由升转降的趋势变化，2020 年常住人口年均增长率已低于 10‰。联合国发布的《世界人口展望2022》报告中提出，从 2020 年开始全球人口年增长率低于10‰，上海市人口与其有类似的趋势。

出生率下降、老年人口比重上升（图 7.56），是上海市人口的重要特征之一。其中，生育成本是影响育龄家庭生育意愿的最重要因素之一。根据第六次（2010 年）和第七次（2020 年）全国人口普查数据，2020 年上海市 2487.09 万常住人口中，0~14 岁的人口占总人口的 9.8%，回升 1.2%；15~59 岁的人口占总人口的 66.8%，下降 9.5%；60 岁及以上的人口占总人口的 23.4%，上升 8.3%。上海人口年龄结构变化与全国人口年龄结构变化趋势一致。其中，上海市的少儿人口比重回升，但人口老龄化程度进一步加深，人口老龄化问题成为上海市可持续发展面临的重要挑战。

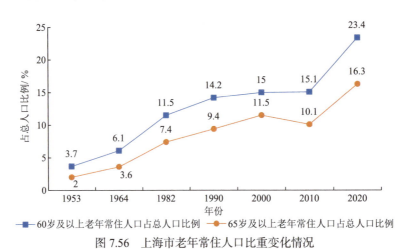

图 7.56　上海市老年常住人口比重变化情况

上海市人口总量不断增长，人口素质逐步提升，人口红利从数量向质量转变，为城市进一步发展提供了巨大的需求潜力空间和市场消费空间。由于经济的快速发展和社会治安的相对稳定，上海市已成为国内流动和迁移最重要的集聚中心之一。第七次全国人口普查数据显示，全市常住人口中，外省市来沪常住人口为 1047.97 万人，占比 42.1%，与 2010 年第六次全国人口普查相比，年平均增长率为 1.6%。其中，上海市吸引了大量人才迁入，位列中国省际高技能人才迁移网络效率排行第一[91]。科技创新人才作为重要的战略资源，对于城市经济社会高质量发展具有重要意义。上海市高度重视海内外高层次人才、重点机构紧缺急需人才、高技能人才等人才的引进和落户，实行更加开放、更加便利的人才引进政策，促进人才要素市场化配置，聚焦重点产业、重点区域和基础研究领域，以期为上海市经济和社会发展不断注入新的活力。

7.9.2.4 城镇化水平

上海市城镇化率位列中国省级行政区第一，建成区面积达 2106 km²，城市发展已处于较高水平。2014 年，上海的城镇化率出现负增长，2016 年后城镇化率维持在 89%左右且稳步回升（图 7.57）。其中，2015 年上海市外来常住人口出现 15 年来首次负增长，外来常住人口在全市常住人口中的占比也下降了 0.5%，减少的外来常住人口以外来务工人员居多。在产业结构升级的背景下，上海市人口增长由数量型向质量型转变，通过调整落后产能控制就业年龄段人口，完善基本公共服务政策，疏导非就业人口，调控无序流动人口，控制建筑总量过快增长。此外，上海通过系列人才工作体制机制改革促进人才创新创业，调整人才结构。

图 7.57 2010～2020 年上海市常住人口和城市化率
2011～2019 年数据根据 2020 年人口普查数据进行了修订

7.9.2.5 基础设施建设

上海市加快推进城市基础设施建设，重点关注新型基础设施建设。根据上海市统计局数据，2021 年上海市城市基础设施建设投资比上年增长 5.8%，电力建设投资、交通运输投资、邮电通信投资等类别比重上升。上海市在 2020 年、2021 年分别完成新增新型基础设施建设投资 710 亿元和 913 亿元，分别占全市固定资产投资总额的 8%和 9.6%，以期拉动有效投资，支撑数字经济和新兴产业发展，对推进我国东部沿海地区、长江经济带以及"一带一路"的经济建设至关重要。

上海已相继建成了一批大桥、隧道、高架路、高速公路、轨道交通、国际机场、深水港口等标志性重大城市建设工程。根据 2017 年上海市地理国情普查数据，上海市铁路与道路的路面面积为 359.37 km²，其中占比最高的黄浦区铁路与道路路面面积占该区面积的 17.09%。铁路路网总长度达 427.11 km，道路路网总长度为 24878.11 km，共有轨道交通 15 条。交通路网发达，为城市经济社会的高质量发展提供了有力的支撑。

作为"一带一路"倡议的重要节点以及长三角区域协同发展的核心，上海依托"襟江带海"的优势区位条件，建设江海联运港口枢纽，成为全球重要的港口城市和国际航运中心，承担了绝大多数长江经济带外贸货物中转业务，在经济全球化、国际物流运输贸易中扮演着重要的角色。上海集装箱吞吐量居世界第一，其中上海港每年吞吐约 4000 万标准箱（图 7.58），是美国所有港口的总和。洋山港是全球最大的集装箱港口，位于杭州湾东北部、舟山群岛嵊泗列岛海域，海域潮流强劲，泥沙不易淤积，且大小洋山岛链形成天然屏障，泊稳条件良好，符合世界港口向外海发展的规律，是上海国际航运中心的深水港区。

图 7.58　2005～2020 年上海市国际标准集装箱吞吐量

上海货物进出口增长趋势稳定，已跃升为全球最大的贸易口岸城市，贸易枢纽功能不断增强。2021 年，上海口岸货物进出口总额 100859.90 亿元，比上年增长 15.4%，突破 10 万亿元大关，继续保持世界城市首位。受多要素影响，近年来，上海市港口货物吞吐量呈现波动变化的态势。2021 年，上海市港口货物吞吐量同比增长 8.3%，实现五年来的第一次增长（图 7.59）。2021 年上海市货物进出口总额达 4 万亿元，比上年增长 16.5%。其中，进口 2.49 万亿元，增长 17.7%；出口 1.57 万亿元，增长 14.6%。高新技术产品出口占全市比重为 38.5%。出口额最高的三个国家（组织）为美国、欧盟和东盟。新时期上海市坚持深化国际贸易中心建设，加快推动浦东高水平改革开放，深入推进临港新片区建设，加快建设虹桥国际开放枢纽，致力于推进更高水平对外开放，提升上海国际贸易中心能级。

图 7.59　2005～2020 年上海市港口货物吞吐量

7.9.2.6　民族与宗教

上海是少数民族散居地区，56 个民族齐全，2020 年第七次全国人口普查数据显示，上海市汉族人口为 2447.11 万人，比 2010 年增长 7.6%，占 98.4%。上海常住人口中少数民族有 39.98 万人，比 2010 年增长 44.8%，占全市总人口比重为 1.6%，其中占比从高到低分别为回族、土家族、苗族、满族、朝鲜族、壮族、蒙古族等。与 2000 年相比，2010 年少数民族人口数增幅最大的是仡佬族，土家族和苗族人数增幅也超 5 倍。

上海市属于没有占优势的宗教或无宗教信仰区。上海是一个开放包容的国际化城市，在文化方面兼容东方与西方、南派与北派、传统与现代，形成了独特的海派文化。上海宗教作为构成海派文化的要素之一，具有兼容并蓄的文化品性，宗教理论和宗教文化研究拥有深厚的基础。

7.9.3　城市发展特色

7.9.3.1　打造国际门户枢纽

上海是面向国际、服务全国、引领长三角的门户枢纽。1995 年，党中央、国务院做出建设上海国际航运中心的重大决策。经过二十多年的发展，上海市依托"襟江带海"的优势区位条件，成为全球重要的港口城市和国际航运中心，承担了绝大多数长江经济带外贸货物中转业务。其中，2021 年上海港集装箱吞吐量达到 4703.3 万标准箱，连续 11 年保持世界第一。2022 年，上海在新华·波罗的海国际航运中心发展指数排名中继续位居世界第三，航运资源集聚与配置能力已逐步完善，进入相对稳定的阶段性格局。航空港方面，机场货邮吞吐量、旅客吞吐量分别位居全球第 3 位和第 4 位，浦东国际机场和虹桥国际机场的公共航空运输功能逐步完善，现代航运服务体系基本形成。

在《上海市国民经济和社会发展第十四个五年规划和二〇三五年远景目标纲要》中，

上海市作为我国改革开放的前沿窗口和对外依存度较高的国际大都市，坚持区域协同和内涵提升，加快建设门户枢纽地位稳固、集疏运体系协调高效、航运服务品牌效应凸显、航运治理体系融入全球的国际航运中心。新时代背景下，上海市提出强化开放枢纽门户功能，建设世界级航运航空枢纽。海运方面，强化长三角港航合作，与浙江联合实施小洋山北侧综合开发，与江苏共同推进沿江、沿海多模式合作，研究完善上海深水港布局；空运方面，全力拓展亚洲最高水平的洲际航线网络，推进芦潮港集装箱集疏运体系提升工程，推进上海航空货运枢纽港建设。此外，发展临港、临空经济，着力提升航运高端服务功能，也是打造世界级航运航空枢纽的重要内容。

此外，上海的城市定位决定了城市整体发展方向。在新发展格局中，上海市要打造成为国内大循环的中心节点、国内国际双循环的战略链接。以现代服务业为主体、战略性新兴产业为引领、先进制造业为支撑的现代产业体系加快建立，服务业增加值占全市生产总值比重稳定在 70%以上。作为长江三角洲地区重要的发展核心之一，上海承载着长江三角洲区域一体化发展的龙头带动作用，规划明确提出"提升上海核心地位"，进一步强化上海国际大都市的综合服务功能，充分发挥服务全国、联系亚太、面向世界的作用，建成具有国际影响力和竞争力的大都市。

7.9.3.2　建设国际金融中心

上海是近代中国金融业的重要发祥地。1992 年，建设上海国际金融中心正式确立为国家战略。2009 年，国务院发布《国务院关于推进上海加快发展现代服务业和先进制造业建设国际金融中心和国际航运中心的意见》，进一步提出"到 2020 年，基本建成与我国经济实力以及人民币国际地位相适应的国际金融中心"。目前上海市已基本建成国际金融中心，金融市场交易总额超过 2200 万亿元，全球性人民币产品创新、交易、定价和清算中心功能不断完善，多层次金融市场体系和金融机构体系基本形成。2021 年，上海金融市场交易总额突破 2500 万亿元，比上年增长 10.4%，出台实施全球资产管理中心、国际绿色金融枢纽、国际再保险中心建设等金融支持政策，推出原油期权、碳中和债等金融创新产品和业务。之后将进一步提升国际金融中心能级，建设具有较强全球资源配置功能、与我国经济实力和人民币国际地位相适应的国际金融中心。

7.9.3.3　科技创新驱动发展

按照把创新放在国家现代化建设全局核心地位、把科技自立自强作为国家发展战略支撑的总要求，上海市面向世界科技前沿、面向经济主战场、面向国家重大需求、面向人民生命健康，坚持科技创新驱动发展。以张江科学城、临港新片区等重点区域为核心，强化科技创新策源地功能，扩大高水平科技供给。以提升基础研究能力和突破关键核心技术为主攻方向，疏通基础研究、应用研究和产业化双向链接的快车道，激发各类主体的创新动力和活力，强化知识产权运用和保护，以更加开放包容的政策和环境培育集聚各类科创人才，推动国际科技创新中心核心功能取得重大突破性进展。

7.9.3.4 探索可持续发展路径

自新中国成立以来，上海的战略定位经历了从"重要工业基础和财政支柱"到"一个龙头、三个中心"，到建设"四个中心"和社会主义现代化国际大都市[92]。2017 年，《国务院关于上海市城市总体规划的批复》指出："努力把上海建设成为创新之城、人文之城、生态之城，卓越的全球城市和社会主义现代化国际大都市。"这一城市性质和发展目标要求上海这一超大城市提升城市韧性和品质，成为引领国际超大城市可持续发展的标杆。

《上海市城市总体规划（2017—2035 年）》强调，牢牢守住常住人口规模、规划建设用地总量、生态环境和城市安全四条底线，合理分配各类城市发展战略资源，注重内涵发展和弹性适应，探索超大城市睿智发展的转型路径。由注重经济导向，转变为更加突出以人民为中心的价值导向，缓解人口快速增长与资源环境紧约束之间的矛盾。到 2035 年，上海市常住人口控制在 2500 万人左右，建设用地总量控制在 3200 km² 内。其中，上海城市发展已由集中向扩散型转变，城市内部的多中心结构开始向城市区域外扩散，表现为典型的郊区化现象。规划提出在市域层面，构建"一主、两轴、四翼；多廊、多核、多圈"的空间结构，控制中心城周边区域蔓延。

7.9.3.5 开放包容海派文化

上海的海派文化在以商业文化为基础的大城市中养成了"海纳百川、有容乃大"的特性，兼收并蓄，博采众长，富有生命力。海派文化形成于上海 1843 年开埠后，由于商业的繁荣和人才的集聚，各种新观念在上海发源，在江南传统文化基础上吸纳了国际大都市的现代与时尚，是自下而上、自然传播的一种文化精神。当前的上海开放引领、改革创新，探索特大城市发展道路，也关注城市中的人的需求，正需要巩固和发展上海人的海派性格，大力弘扬海纳百川、追求卓越、开明睿智、大气谦和的上海城市精神，提升城市软实力。

7.10 东 营

7.10.1 自然地理特征

7.10.1.1 地理位置与面积

东营是黄河三角洲中心城市、黄河入海口城市。东营市地理位置为 36°55′～38°10′N，

118°07′～119°10′E。东、北临渤海，西与滨州市毗邻，南与淄博市、潍坊市接壤。南北最大纵距 123 km，东西最大横距 74 km，土地总面积 8243 km²。1855～1985 年，黄河平均每年淤地造陆 3 万～4 万亩；1985 年后，因黄河来水量减少，造陆速度趋缓。

东营区位优势明显，北靠北京、天津，东与日本、韩国隔海相望，是衔接环渤海地区与黄河流域的重要战略节点，是山东半岛城市群重要沿海港口城市和省会经济圈一体化发展城市，是黄河流域重要出海通道，是京津冀协同发展城市。

7.10.1.2 地形地貌特征

东营市地势沿黄河走向自西南向东北倾斜。西南部最高高程为 28 m（大沽高程，下同），东北部最低高程 1 m，自然比降为 1/12000～1/8000；西部最高高程为 11 m，东部最低高程 1 m，自然比降为 1/7000。黄河在东营市境流入渤海。黄河穿境而过，河滩地高于背河地 2～4 m，形成"地上悬河"。东营市微地貌有 5 种类型：①古河滩高地，占东营市总面积的 4.15%，主要分布于黄河决口扇面上游；②河滩高地，占东营市总面积的 3.58%，主要分布于黄河河道至大堤之间；③微斜平地，占东营市总面积的 54.54%，是岗、洼过渡地带；④浅平洼地，占东营市总面积的 10.68%，小清河以南主要分布于古河滩高地之间，小清河以北主要分布于微斜平地之中、缓岗之间和黄河故道低洼处；⑤海滩地，占东营市总面积的 27.05%，与海岸线平行呈带状分布（图 7.60）。

图 7.60　东营卫星影像图

7.10.1.3 水资源

东营市平均水资源总量为 5.32 亿 m³，其中地表水资源量为 4.47 亿 m³，多集中在夏季，大部分排入海洋，利用率较低。平均地下水资源量为 0.85 亿 m³，主要分布在小清河以南地区，其北为咸水区。黄河是境内主要客水水源，平均径流量为 358 亿 m³，年际丰枯变化较大，年均引水量为 10 亿 m³ 左右，2010 年共引黄河水 8.26 亿 m³，为黄河三角洲高效生态经济区建设提供了水资源保障。小清河多年平均入境径流量为 5.82 亿 m³，支脉河多年平均入境流量为 2.82 亿 m³。总供水量为 92808 万 m³，其中，地表水源供水量为 73565 万 m³，地下水源供水量为 8555 万 m³。

黄河东营段上起滨州界，自西南向东北贯穿东营市全境，在垦利区东北部注入渤海，全长 138 km。东营市除黄河外共有骨干排水河道 30 条。以黄河为分界线，黄河以南属淮河流域，有小清河及其支流淄河、阳河、泥河子、预备河，支脉河及其支流小河子、武家大沟、广蒲河、五干排，广利河及其支流溢洪河、东营河、老广蒲河、五六干合排、六干排，永丰河及其支流三排沟，张镇河、小岛河 20 条河流；黄河以北属海河流域，有潮河及其支流褚官河、太平河，马新河，沾利河，草桥沟，草桥沟东干流，挑河，神仙沟及其支流新卫东河 10 条河流。

东营市海岸线北起顺江沟河口，南至淄脉沟口，全长 412.67 km，约占山东省海岸线的 1/9。低潮线至岸线滩涂面积 10.19 万 km²。–10 m 等深线以内浅海面积 4800 km²。沿岸海底较为平坦，浅海底质泥质粉砂占 77.8%，沙质粉砂占 22.2%。海水透明度为 32～55 cm。海水温度、盐度受大陆气候和黄河径流的影响较大。冬季沿岸有 2 个月冰期，海水流冰范围为 0～5 n mile[①]，盐度在 35‰ 左右；春季海水温度为 12～20℃，盐度为 22‰～31‰；夏季海水温度为 24～28℃，盐度为 21‰～30‰；黄河入海口附近常年存在低温低盐水舌。东营海域为半封闭型，大部岸段的潮汐属不规则半日潮，易发生风暴潮灾，近百年来发生潮位高于 3.5 m 的风暴潮灾 7 次。

7.10.1.4 气候状况

东营市地处中纬度，背陆面海，受亚欧大陆和西太平洋共同影响，属暖温带大陆性季风气候，基本气候特征为冬寒夏热，四季分明。春季，干旱多风，早春冷暖无常，常有倒春寒出现，晚春回暖迅速，常发生春旱；夏季，炎热多雨，温高湿大，有时受台风侵袭；秋季，气温下降，雨水骤减，天高气爽；冬季，天气干冷，寒风频吹，多刮北风、西北风，雨雪稀少。主要气象灾害有霜冻、干热风、大风、冰雹、干旱、涝灾、风暴潮灾等。境内南北气候差异不明显。多年平均气温 12.8℃，无霜期 206 天，不小于 10℃ 的

① 1 n mile = 1.852 km。

积温约 4300℃，可满足农作物的两年三熟。年平均降水量为 555.9 mm，多集中在夏季，占全年降水量的 65%，降水量年际变化大，易形成旱、涝灾害。

7.10.1.5　能矿资源

东营自然资源丰富，石油、天然气、卤水、煤、地热等资源富集。东营市是中国第二大石油工业基地胜利油田崛起之地。截至 2021 年，胜利油田共发现油气区块 81 个，探明石油地质储量 55.87 亿 t，累计为国家贡献原油 12.5 亿 t，为国家"稳定东部、发展西部"石油战略做出了重要贡献。沿海浅层卤水储量超过 2 亿 m³，深层盐矿、卤水资源主要分布在东营凹陷地带，推算储量达 1000 多亿 t。煤的发育面积约 630 km²，主要分布于广饶县东北部、河口区西部，因埋藏较深，尚未开发利用。地热资源主要分布在渤海湾南新户、太平、义和、孤岛、五号桩地区及广饶、利津部分地区，地热异常区 1150 km²，热水资源总量逾 1.27×10^{10} m³，热能储量超过 3.83×10^{15} kJ，折合标准煤 1.30 亿 t。清洁能源资源优势明显，正加快建设鲁北滩涂地千万千瓦级风光储输一体化基地，积极推广氢能、地热能、生物质能多元利用。

7.10.1.6　生态资源

东营市湿地面积为 45.8 万 km²，约占山东省的 1/4，湿地率 41.8%。其中，黄河三角洲国家级自然保护区湿地面积达 15.3 万 km²，是世界暖温带最年轻、最广阔、面积最大、保存最完整的河口新生湿地生态系统。先后被列入"人与生物圈计划（MAB）网络""东亚—澳洲涉禽保护区网络""东北亚鹤类保护区网络"，是我国湿地、水域生态系统 16 处国际重要保护地点之一。1983 年建市以来，东营市充分利用每年黄河调水调沙的契机，探索性地开展黄河三角洲生态过水试验，有效恢复大汶流、黄河故道等区域湿地 35 万亩，成为全国湿地恢复最有代表性的区域。

目前，东营市已建成自然保护区 1 处、省级以上湿地公园 10 处、海洋特别保护区 5 处、森林公园 5 处、饮用水源保护区 8 处、省级风景名胜区 1 处、水产种质资源保护区 3 处、湿地保护小区 59 处，形成了海陆兼顾的基本湿地保护框架体系。近年来，东营市深入开展"湿地城市建设"三年行动计划，实施湿地修复保护和水系连通工程。通过休闲绿道串联城市内湿地、生态公园、街头游园和居住小区，形成了"蓝绿交织、清新明亮，湿地在城中、城在湿地中"的城市特色。黄河三角洲国家级自然保护区凭借优厚的自然条件，为鸟类提供了理想的生长环境，是横跨"东亚-澳大利西亚"和"环西太平洋"两条候鸟迁徙路线的重要"中转站"、越冬地和繁殖地，被称为"鸟类国际机场"。

2021 年，黄河三角洲国家级自然保护区有野生动物 1600 多种，鸟类近 400 种。以东方白鹳、黑嘴鸥等为旗舰种的鸟类数量和种类大幅度增加，被授予"中国东方白鹳之乡"和"中国黑嘴鸥之乡"。每年迁徙鸟类超过全球鸟类迁徙路线上总数量的 1%，被誉为鸟类重要的"国际机场"和栖息地。同时，黄河三角洲湿地植物富集，自然分布的维管束植物 46 科、128 属、195 种，栽培植物 26 科、63 属、83 种，国家二类保护植物——野大豆分布广、数量大，具有很高的研发价值。

7.10.2　社会经济特征

7.10.2.1　经济发展水平

如图 7.61 所示，东营地区生产总值持续上升，从 2000 年的 398.75 亿元增长至 2020 年的 2981.19 亿元。2005 年突破千亿元，2012 年、2019 年分别突破 2000 亿元、3000 亿元。除了在 2014～2018 年增长较缓，其余年份同比增长率均达到 5%。人均地区生产总值由 2000 年的 23267 元增长到 2020 年的 135910 元，在 2018 年时，东营市是中国人均地区生产总值最高的城市。

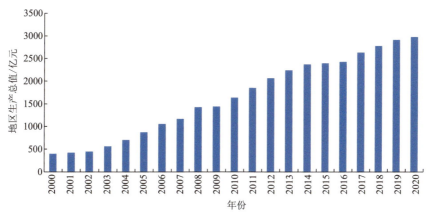

图 7.61　2000～2020 年东营地区生产总值

7.10.2.2　经济发展特征

东营市是适应胜利油田和黄河三角洲开发建设需要于 1983 年 10 月成立的，辖东营、河口、垦利三区和广饶、利津两县，有国家级的东营经济技术开发区、黄河三角洲农业高新技术产业示范区、东营综合保税区和 7 个省级经济开发区。东营东临渤海，与日本、韩国隔海相望，向西辐射广大内陆地区，北靠京津冀经济区，南连山东半岛蓝色经济区，是黄河三角洲高效生态经济区发展规划的重要组成部分，是黄蓝两大国家级战略重叠融合的唯一城市[93]。同时也是国务院批复确定的中国黄河三角洲中心城市、中国重要的石油基地。

2021 年，东营市全年实现地区生产总值 3441.72 亿元，三次产业结构调整为 5.3：57.8：36.9。其中，第一产业增加值为 181.88 亿元，同比增长 8.2%，两年平均增长 5.3%；第二产业增加值为 1988.43 亿元，同比增长 9.5%，两年平均增长 7.0%；第三产业增加值为 1271.41 亿元，同比增长 7.0%，两年平均增长 4.9%（图 7.62）。

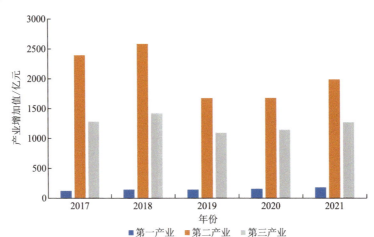

图 7.62　2017~2021 年东营市三次产业增加值变化

　　目前，东营依托丰富的石油，形成了石化、橡胶、石油装备、有色金属、新材料五大特色产业，努力打造万亿级石化产业集群、2000 亿级橡胶轮胎产业集群和新材料产业集群、千亿级石油装备产业集群和有色金属产业集群、500 亿级生物医药产业集群。2021年全年全市规模以上工业增加值增长 13.4%，高于全省 3.8 个百分点，居全省第 3 位。两年平均增长 9.8%，分别高于全国、全省 3.7 个、2.5 个百分点。

　　石油化工产业。东营市的成立缘于油田的开发带动。1961 年 4 月 16 日，在山东省东营市东营村附近打出第一口工业油流井——华八井，该井日产油 8.1t，标志着胜利油田正式被发现。1978 年，胜利油田原油产量上升到 1946 万 t，一举跃升为中国第二大油田。截至 2021 年，胜利油田累计生产原油 12.5 亿 t。1982 年 8 月，中共胜利油田委员会、胜利油田会战指挥部向山东省委、省政府报送了《关于建立东营市的请示报告》，报告中对市名"东营"作了建议说明，同年 11 月，国务院正式批准设立地级东营市。2021年，东营化学原料和化学制品制造业工业增加值增长 29.6%，石油加工业增长 6.9%，石油和天然气开采业增长 1.4%。

　　橡胶产业。东营子午线轮胎产能 1.75 亿条，占全国的 1/5，8 家轮胎企业入围全球轮胎 75 强，是中国最大的橡胶轮胎生产基地。为加快发展轮胎、汽车零部件高端产品和整车制造产业，赛轮集团与中国第一汽车集团有限公司联合建设华东（东营）智能网联汽车试验场，于 2019 年举行了奠基仪式。2021 年，东营橡胶和塑料制品制造业工业增加值增长 4.4%。

　　石油装备产业。目前，东营区装备制造产品已涵盖石油勘探、钻井、完井、固井、采油、管道运输、地面工程各类专用设备等各个领域的 37 大系列、1500 多个品种。已形成从石油勘探用仪器仪表、开发用各类钻机、采油用各类抽油机、石油集输用各类钢管到二三次采油用各类石油助剂的一条龙产业链。截至 2022 年，东营市从事石油装备产业企业 320 多家，其中规模以上企业 104 家。2021 年，装备制造业增加值增长 48.5%，高于规模以上工业 35.1 个百分点。

有色金属产业。2019 年以来东营已形成以阳极铜、阴极铜及铜材产品生产为主，从冶炼、深加工到技术装备研发的较为完整的产业集群，阴极铜产量居全国第四，并成功打造了中国（东营）有色金属工业展览会。

新材料产业。东营是中国最大的高端纳米级电子陶瓷材料生产基地。拥有电子陶瓷材料、油田化学品、摩擦材料及制品等多家省级以上工程技术中心，承担了多项国家支持，省重大专项等重点科技计划项目。新闻纸产能居全国首位，是全球最大的新闻纸生产基地。

积极适应国际市场变化，依托轮胎、化工等产业优势，大力发展加工贸易，对外贸易进入快速发展阶段。2018 年，全市完成进出口总额 1627.94 亿元，其中出口 368.98 亿元，进口 1258.97 亿元；从出口市场情况看，对亚洲出口 155.21 亿元，对北美洲出口 55.12 亿元，对非洲出口 48.23 亿元，对拉丁美洲出口 36.69 亿元，对大洋洲出口 10.51 亿元，对欧洲出口 62.46 亿元；从重点出口商品看，橡胶轮胎出口 200.56 亿元，化工产品出口 41.23 亿元，石油装备出口 32.50 亿元。

7.10.2.3 人口

2020 年东营市常住人口为 2193518 人，与 2010 年的 2035338 人相比，十年共增加 158180 人，增长了 7.77%，年平均增长率为 0.75%（图 7.63）。全市人口中，0～14 岁人口为 380498 人，占 17.34%；15～59 岁人口 1365798 人，占 62.27%；60 岁及以上人口为 447222 人，占 20.39%，其中 65 岁及以上人口为 340201 人，占 15.51%，老龄化问题较凸显。

图 7.63 2005～2020 年东营常住人口和城镇化率

7.10.2.4　城镇化水平

城镇化水平较高，2005 年东营城镇人口占比达到 55.6%，进入城镇化中后期；2010年城镇化率超过 60%；2020 年城镇化率超过 70%（图 7.63）。城乡差距不断在缩小。2021年全年居民人均可支配收入 45808 元，比上年增长 8.5%。其中，城镇居民人均可支配收入 56625 元，增长 7.5%；农村居民人均可支配收入 22255 元，增长 11.3%。城乡居民收入比由 2.63 缩小至 2.54。

7.10.2.5　基础设施建设

东营市海岸线长 412 km，具备开发建设深水大港口的资源条件。东营港北距天津港85 海里，东北距大连港 166n mile，东距龙口港 78 n mile，是渤海西南部较大的综合性港口。1985 年，胜利油田开始建设黄河海港，1992 年黄河海港更名为东营港。1995 年东营港被国务院批准为国家 1 类开放口岸，1997 年 12 月，东营港正式宣布对外开放。2003 年，东营市政府成立东营港扩建工程指挥部，决定扩建 7020 m 引桥和两个 3 万 t级散杂货泊位，2005 年成立东营港建设管理办公室和临港工业园筹建处（东营港经济开发区管理委员会的前身），具体负责港口建设，从此，东营港进入常规的建设发展轨道。目前，东营港被国务院正式批复为黄河三角洲区域中心港，发展的定位使其得到了全面的地位提升。2020 年，东营港吞吐量达到 6022 万 t，集装箱吞吐量达到 3.35 万标准箱，外贸船舶进出港达到 903 艘次，东营港已经发展成为以液体散货为主，兼顾散杂货、集装箱、客滚等货物运输的综合性港口。

目前，高速公路、高铁、港口、机场、管道等重大交通设施正快速推进，现代化综合交通体系加快构建，"公铁海河空管"多式联运格局初步形成。全长 114.24 km 的东营港疏港铁路是山东省和东营市的重点项目，是中国最长的疏港铁路。线路与黄大铁路利津站、德大铁路利津南站接轨，向西可连接河北、河南、山西、陕西，向北可连接京津冀、内蒙古和东北地区，还可通过黄大铁路连接朔黄铁路，无缝对接能源运输大通道，成为煤炭向利津、河口、东营港运输，成品油和散杂货向山西、内蒙古运输的便捷通道。

7.10.2.6　历史文化背景

东营是古齐文化、红色文化和民俗文化的多元文化融合之地。东营市南部，在春秋战国时期属齐国故地，与齐都临淄相距不到 15 km，史称"齐都北鄙"。由于土质肥沃，水系众多，草木丰茂，宜于农耕，是名副其实的齐国北部粮仓。"齐都北鄙"的滨海地区，凭借草场、湿地和滩涂，宜牧宜盐，成为齐国牧马养兵的军事后方和获取"鱼盐之利"的生产基地，留下了许多古齐文化的印迹。东营市广饶县是战国时期著名军事家孙武的故乡，其所著的《孙子兵法》在中国乃至世界军事史、兵学思想史上占有极其重要的地位，被译成日、法、英、德、俄、捷、朝等数十种文字，在世界范围内广泛流传。东营地域文化是齐文化的发源地之一，传承了尊贤尚功、积极进取、重视工商、崇尚勇武、兼容并包等文化特点。

红色文化。1925 年成立于广饶县大王镇刘集村的中共刘集支部，是山东省农村最早的 4 个党支部之一，在山东省农村党建历史上有着极其重要的地位和作用。特别是刘集支部现存有中国首版中文译本《共产党宣言》。2005 年，中共刘集支部旧址纪念馆建成投入使用，成为知名的革命传统教育基地。

民俗文化。东营是"吕剧故乡"，形成发展于 20 世纪初，已成为中国具有较大影响的地方戏曲剧种之一。吕剧因其音色和韵味独特，通俗易通、贴近生活、易学易唱、寓教于乐的鲜明特征，具有深厚的群众基础。流传于广饶县陈官乡的陈官短穗花鼓起源于明清时期，迄今已有 300 多年历史，并于 2008 年入选国家级第二批非物质文化遗产名录。

7.10.3　城市发展特色

7.10.3.1　重视黄河三角洲生态保护和修复

以黄河口国家公园创建为重点，高标准推进黄河三角洲保护治理和生态修复，努力把黄河三角洲打造成为大江大河三角洲生态保护治理的重要标杆。2019 年 9 月 18 日，习近平总书记在黄河流域生态保护和高质量发展座谈会上指出"下游的黄河三角洲是我国暖温带最完整的湿地生态系统，要做好保护工作，促进河流生态系统健康，提高生物多样性"，为黄河三角洲地区生态保护和高质量发展指明了前进方向。2021 年 10 月，中共中央、国务院印发了《黄河流域生态保护和高质量发展规划纲要》，黄河流域生态保护和高质量发展正式成为重大国家战略。规划纲要中包含"东营元素"多达 58 处。

坚持用生态的办法治理生态，着力推进湿地修复、海岸带生态防护、河湖湿地连通及水质提升、互花米草治理等工程项目，截至 2022 年，累计修复湿地 28.2 万亩，退耕还湿、退养还滩 7.25 万亩，近三年完成生态补水 3.6 亿 m^3，治理互花米草 3.8 万亩。2021 年东营市环境空气质量综合指数改善幅度居山东省第 3 位，国控地表水截面水质指数改善幅度居全省第 1 位。

7.10.3.2　新旧动能转换与低碳发展转型

近年来，东营积极推动改造提升石化、石油装备、橡胶轮胎等优势传统产业，培育壮大新材料、生物医药等新兴产业，加快构建具有东营特色和持续竞争力的现代产业体系。2022 年东营有 8 家企业入围中国企业 500 强，14 家企业入围中国民营企业 500 强。

此外，东营还加快创建国家创新型城市，推进建设重质油国家重点实验室、国家级稀土催化研究院、国家盐碱地综合利用技术创新中心、省高端石化产业技术研究院等创新平台。

7.10.3.3 科技创新促进盐碱地综合利用

黄河三角洲土地盐渍化严重,盐碱地数量大、分布广,大量盐碱地中低产田使得传统农业的开发面临着巨大考验[94]。东营以科技成果转化赋能,探索建立"技术创新中心+示范基地+科技示范户"科技推广模式,建设功能性粮食、盐碱地生态草牧业、耐盐经济作物、耐盐林果、耐盐中草药等技术集成示范基地。围绕盐碱地地力提升和绿色高效利用,东营初步探索出了一条以盐适种、生态优先、用养结合、提质增效、可复制可推广的盐碱地综合利用特色路子,其生态保护与农业发展均取得了显著成效[95]。此外,东营还将生态保护与产业发展融合,开展生态文化旅游产业,充分挖掘黄河三角洲地区的古盐文化、湿地文化、农垦文化等历史文化印记,建设一批富有特殊文化烙印的农创小镇、文旅小镇,发展河海观光游、休闲垂钓游等特色文旅项目,在保护生态建设成果的同时带动乡村振兴,为打造乡村振兴齐鲁样板探索新路径、谋划新模式[96]。

7.10.3.4 积极对外开放

打造黄河流域对外开放新高地,近年来,东营积极举办中国(东营)国际石油装备与技术展览会、中国(广饶)国际橡胶轮胎暨汽车配件展览会、黄河口(东营)国际马拉松赛等一系列展会赛事;加大"一带一路"投资合作力度,成功开行首班中欧班列,建造鲁北铁路物流园。2022 年,东营市已与 28 个国家 41 个城市建立了友好关系,其中,国际友好城市 4 个,国际友好合作城市 21 个,世界能源城市伙伴组织(WECP)框架内的伙伴城市 16 个。

7.10.3.5 宜居城市建设

东营成功入选"2021 中国最具生态竞争力城市",建成省市级美丽乡村示范村 219 个。东营在城乡居民水质管理、居家社区养老服务、中心城燃气设施更新改造等基础设施和公共服务方面有较大投入,并始终坚持生态惠民、生态利民、生态为民。2022 年,东营新建城市绿道 50 km、口袋公园 10 处,城市建成区绿化覆盖率达到 42.45%。景观大道串联生态公园,街头游园连接居住小区,基本实现了市民出门"300 米见绿、500 米见园"的目标。

参 考 文 献

[1] Elmqvist T, Bai X M, Frantzeskaki N. Urban Planet Knowledge towards Sustainable Cities. Cambridge: Cambridge University Press, 2018.

[2] 陈明星. 城市化领域的研究进展和科学问题. 地理研究, 2015, 34(4): 614-630.

[3] Jiang Z R, Pi C F, Zhu H Y, et al. Temporal and spatial evolution and influencing factors of the port system in Yangtze River Delta Region from the perspective of dual circulation: comparing port domestic trade throughput with port foreign trade throughput. Transport Policy, 2022, 118: 79-90.

[4] Marceau J. Introduction: Innovation in the city and innovative cities. Innovation-the European Journal of Social Science Research, 2008, 10(2-3): 136-145.

[5] Sachs J, Kroll C, Lafortune G, et al. Sustainable Development Report 2022. Cambridge: Cambridge University Press, 2022.

[6] Khor N, Arimah B, Otieno R, et al. World Cities Report 2022: Envisaging the Future of Cities. Kenya: UN-Habitat, 2022.

[7] Graça M, Cruz S, Monteiro A, et al. Designing urban green spaces for climate adaptation: a critical review of research outputs. Urban Climate, 2022, 42: 101126.

[8] Chen M X, Chen L K, Cheng J F, et al. Identifying interlinkages between urbanization and sustainable development goals. Geography and Sustainability, 2022, 3(4): 339-346.

[9] Ritchie H, Samborska V, Roser M. Urbanization. https://ourworldindata.org/urbanization[2022-10-10].

[10] Angel S, Parent J, Civco D L, et al. The dimensions of global urban expansion: estimates and projections for all countries, 2000—2050. Progress in Planning, 2011, 75(2): 53-107.

[11] Gong P, Li X C, Wang J, et al. Annual maps of global artificial impervious area (GAIA) between 1985 and 2018. Remote Sensing of Environment, 2020, 236: 111510.

[12] Seto K C, Fragkias M, Güneralp B, et al. A meta-analysis of global urban land expansion. PloS One, 2011, 6(8): e23777.

[13] United Nations. The World's Cities in 2018. New York: United Nations, 2018.

[14] Zanaga D, van de Kerchove R, Daems D, et al. Esa worldcover 10 m 2021 v200. https://doi.org/10.5281/zenodo.5571936[2022-10-10].

[15] Dobbs R, Smit S, Remes J, et al. Urban world: Mapping the economic power of cities. https://www.mckinsey.com/featured-insights/urbanization/urban-world-mapping-the-economic-power-of-cities[2022-10-16].

[16] 陈良侃, 陈明星, 张晓平, 等. 宜居地球、碳中和与全球可持续城市化. 自然资源学报, 2022, 37(5): 1370-1382.

[17] United Nations .World Urbanization Prospects: The 2018 Revision. New York: United Nations, 2019.

[18] Barragán J M, de Andrés M. Analysis and trends of the world's coastal cities and agglomerations. Ocean & Coastal Management, 2015, 114: 11-20.

[19] Le T D N. Climate change adaptation in coastal cities of developing countries: characterizing types of vulnerability and adaptation options. Mitigation and Adaptation Strategies for Global Change, 2020, 25(5): 739-761.

[20] Boschken H L. Global cities are coastal cities too: paradox in sustainability?. Urban Studies, 2013, 50(9): 1760-1778.

[21] Karrer L B, Orbach M, Samonte G. People and Oceans: Managing Marine Areas for Human Well-Being. Arlington :Science and Knowledge Division, Conservation International,2011.

[22] WorldPop. Global high resolution population denominators project.https://dx.doi.org/10.5258/SOTON/ WP00670[2022-10-10].

[23] 陈明星, 叶超. 健康城市化: 新的发展理念及其政策含义. 人文地理, 2011, 26(2): 56-61.

[24] 陈明星, 先乐, 王朋岭, 等. 气候变化与多维度可持续城市化. 地理学报, 2021, 76(8): 1895-1909.

[25] Rogers P P, Jalal K F, Boyd J A. An Introduction to Sustainable Development. London: Routledge, 2012.

[26] 陈明星, 程嘉梵, 周园, 等. 碳中和的缘起、实现路径与关键科学问题: 气候变化与可持续城市化. 自然资源学报, 2022, 37(5): 1233-1246.

[27] Chen M, Ye C, Lu D, et al. Cognition and construction of the theoretical connotations of new urbanization with Chinese characteristics. Journal of Geographical Sciences, 2019, 29: 1681-1698.

[28] 陈明星, 周园, 汤青, 等. 新型城镇化、居民福祉与国土空间规划应对. 自然资源学报, 2020, 35(6): 1273-1287.

[29] Bannister J, Kearns A. The function and foundations of urban tolerance: encountering and engaging with difference in the city. Urban Studies, 2013, 50(13): 2700-2717.

[30] Coaffee J, Therrien M C, Chelleri L, et al. Urban resilience implementation: a policy challenge and research agenda for the 21st century. Journal of Contingencies and Crisis Management, 2018, 26(3): 403-410.

[31] Ye C, Schröder P, Yang D Y, et al. Toward healthy and liveable cities: a new framework linking public health to urbanization. Environmental Research Letters, 2022, 17(6): 064035.

[32] 赵瑞东, 方创琳, 刘海猛. 城市韧性研究进展与展望. 地理科学进展, 2020, 39(10): 1717-1731.

[33] 蒋艳灵, 刘春腊, 周长青, 等. 中国生态城市理论研究现状与实践问题思考. 地理研究, 2015, 34(12): 2222-2237.

[34] 俞孔坚, 李迪华, 袁弘, 等. "海绵城市" 理论与实践. 城市规划, 2015, 39(6): 26-36.

[35] 甄峰, 席广亮, 秦萧. 基于地理视角的智慧城市规划与建设的理论思考. 地理科学进展, 2015, 34(4): 402-409.

[36] Kurowska-Pysz J, Castanho R A, Loures L. Sustainable planning of cross-border cooperation: a strategy for alliances in border cities. Sustainability, 2018, 10(5): 1416.

[37] 张文忠. 宜居城市的内涵及评价指标体系探讨. 城市规划学刊, 2007(3): 30-34.

[38] Elmqvist T. Development: Sustainability and resilience differ. Nature, 2017, 546(7658): 352.

[39] 黄肇义, 杨东援. 国内外生态城市理论研究综述. 城市规划, 2001, 25(1): 59-66.

[40] Keeler B L, Hamel P, McPhearson T, et al. Social-ecological and technological factors moderate the

value of urban nature. Nature Sustainability, 2019, 2(1): 29-38.

[41] Torabi E, Dedekorkut-Howes A, Howes M. Adapting or maladapting:building resilience to climate-related disasters in coastal cities. Cities, 2018, 72: 295-309.

[42] Nazarnia H, Nazarnia M, Sarmasti H, et al. A systematic review of civil and environmental infrastructures for coastal adaptation to sea level rise. Civil Engineering Journal, 2020, 6(7): 1375-1399.

[43] 马仁锋, 李加林, 赵建吉, 等. 中国海洋产业的结构与布局研究展望. 地理研究, 2013, 32(5): 902-914.

[44] Tibbetts J. Coastal cities: living on the edge. Environmental Health Perspectives, 2002, 110(11): A674-A681.

[45] Todd P A, Heery E C, Loke L H L, et al. Towards an urban marine ecology: characterizing the drivers, patterns and processes of marine ecosystems in coastal cities. Oikos, 2019, 128(9): 1215-1242.

[46] 仇保兴. 海绵城市(LID)的内涵、途径与展望. 建设科技, 2015(1): 11-18.

[47] 仇保兴. 我国城市发展模式转型趋势: 低碳生态城市. 城市发展研究, 2009, 16(8): 1-6.

[48] 巫细波, 杨再高. 智慧城市理念与未来城市发展. 城市发展研究, 2010, 17(11): 56-60, 40.

[49] Docherty I, Gulliver S, Drake P. Exploring the potential benefits of city collaboration. Regional Studies, 2004, 38(4): 445-456.

[50] Frantzeskaki N, McPhearson T, Collier M J, et al. Nature-based solutions for urban climate change adaptation: linking science, policy, and practice communities for evidence-based decision-making. BioScience, 2019, 69(6): 455-466.

[51] Pritchard D W. What is an estuary: physical viewpoint. American Association for the Advancement of Science, 1967, 83: 3-5.

[52] 李勇胜. 江河入海口界定探讨. 水利科技, 2007(4): 19-21.

[53] 郭建科, 韩增林. 港口与城市空间联系研究回顾与展望. 地理科学进展, 2010, 29(12): 1490-1498.

[54] Zheng Y, Zhao J, Shao G. Port city sustainability: a review of its research trends. Sustainability, 2020, 12(20): 8355.

[55] 王成金, 程佳佳, 马丽. 长江立体化综合交通运输走廊的空间组织模式. 地理科学进展, 2015, 34(11): 1441-1448.

[56] 韩增林, 潘佳玉, 郭建科, 等. 基于地理本性的滨海城市旅游系统适应性分析. 资源科学, 2022, 44(3): 634-645.

[57] 骆永明. 中国海岸带可持续发展中的生态环境问题与海岸科学发展. 中国科学院院刊, 2016, 31(10): 1133-1142.

[58] Lehner B, Grill G. Global river hydrography and network routing: baseline data and new approaches to study the world's large river systems. Hydrological Processes, 2013, 27(15): 2171-2186.

[59] Liu S, Lu P, Liu D, et al. Pinpointing the sources and measuring the lengths of the principal rivers of the world. International Journal of Digital Earth, 2009, 2(1): 80-87.

[60] Travel C T. Cities100: Rotterdam-Resilience and Quality of Life Go Hand in Hand. https://www.c40.org/case-studies/cities100-rotterdam-resilience-and-quality-of-life-go-hand-in-hand/[2022-10-12].

[61] C40. Climate-Rotterdam (Netherlands). https://www.climatestotravel.com/climate/ netherlands/rotterdam [2022-10-12].

[62] Heusinkveld B G, Steeneveld G J, van Hove L W A, et al. Spatial variability of the Rotterdam urban heat

island as influenced by urban land use. Journal of Geophysical Research: Atmospheres, 2014, 119(2): 677-692.

[63] Nientied P. Hybrid urban identity—the case of Rotterdam. Current Urban Studies, 2018, 6(1): 152-173.

[64] Buursink J.The cultural strategy of Rotterdam. Cybergeo: European Journal of Geography, 1999, (113): 9.

[65] Sala-i-Martín X. The Global Competitiveness Report 2016–2017. Geneva:World Economic Forum, 2016.

[66] Verver G. Air Pollution Modeling and Its Application XIII. Cham:Springer, 2014.

[67] Ewa G, Bożena W. The rivalry strategies of political parties in elections to the assembly of citizens of the free and hanseatic city of hamburg. Polish Political Science Yearbook, 2013, 42: 109-138.

[68] 林兰. 德国汉堡城市转型的产业-空间-制度协同演化研究. 世界地理研究, 2016, 25(4): 73-82.

[69] Klocke E. The Hamburg Climate Action Plan: A Brochure on the Update 2011. Hamburg: Hamburg Ministry of Urban Development and Environment, 2011.

[70] 胡文颖, 汪芳. 水陆多标融合、传承发展统筹的港口工业城市更新途径: 德国汉堡案例. 旅游规划与设计, 2018, 27(2): 28-37.

[71] 何继江, 于琪琪, 秦心怡. 碳中和愿景下的德国汉堡能源转型经验与启示. 河北经贸大学学报, 2021, 42(4): 59-66.

[72] Hauck T, Weisser W W. Animal-aided Design in the Living Environment: Integrating the Needs of Animal Species into the Planning and Design of Urban Open Spaces. Berlin: German Federal Agency for Nature Conservation, 2021.

[73] Mossop E. 水城新奥尔良. 李檬溪译, 郑晓笛校. 南方建筑, 2015(3): 26-31.

[74] Arguez A, Durre I, Applequist S, et al. NOAA's 1981-2010 U.S. climate normals: an overview. Bulletin of the American Meteorological Society, 2012, 93(11): 1687-1697.

[75] 王曼琦, 王世福. 韧性城市的建设及经验: 以美国新奥尔良抗击卡特里娜飓风为例. 城市发展研究, 2018, 25(11): 145-150.

[76] 孙坦. 加拿大魁北克省的土地利用与管理. 国土资源科技管理, 2004, 21(6): 69-73.

[77] 薛茜茜, 王晨昇. 浅谈加拿大魁北克省矿产资源管理制度. 矿产勘查, 2019, 10(3): 407-413.

[78] 张育瑄. 民族主义与宗教多样性的现代交汇: 基于魁北克和加泰罗尼亚的比较视角. 世界民族, 2019(3): 30-37.

[79] 吴嘉丽. 近六十年来魁北克人的国家认同与族群认同研究. 武汉: 华中师范大学, 2018.

[80] 王建波. 论加拿大 "魁北克模式". 苏州科技学院学报(社会科学版), 2012, 29(6): 62-69.

[81] JEAN-PAUL L'ALLIER. 魁北克市以及她的战略规划. 技术经济与管理研究, 2002 (5): 10.

[82] 孙春强, 赵仕玲, 付水兴, 等. 加拿大魁北克省矿业投资环境. 中国矿业, 2015, 24(9): 50-53.

[83] 宁忠瑞, 孙晋秋, 王国庆. 南美洲巴拉那河流域水文气象要素演变特征及径流变化的气候响应. 水资源与水工程学报, 2021, 32(4): 52-59.

[84] 许晓明, 张英德, 饶勇, 等. 阿根廷海域重点盆地油气地质条件对比及勘探方向. 海洋地质前沿, 2022, 38(4): 1-9.

[85] 郝名玮. 欧洲移民与阿根廷. 世界历史, 1980(6): 39-45.

[86] 陈芳, 褚劲风, 王倩倩, 等. 阿根廷布宜诺斯艾利斯的创意城市发展路径及其实践研究. 现代城市研究, 2013,28(11): 22-28, 34.

[87] 王涛, 金昌庆. 城市文化机理与文化产业的多元融创: 以韩国釜山市为例. 上海城市管理, 2016, 25(4): 22-27.

[88] Downes N K, Storch H, Schmidt M, et al. Understanding Ho Chi Minh city's urban structures for urban land-use monitoring and risk-adapted land-use planning//Sustainable Ho Chi Minh City: Climate Policies for Emerging Mega Cities. Cham: Springer International Publishing, 2016: 89-116.

[89] Ngoc Quynh Giao P, Phi Phuong P, Stanicky P. Changes in urban planning and recommendation for future planning in Ho Chi Minh city//Urban and Transit Planning. Cham: Springer International Publishing, 2022: 125-137.

[90] 陈祖军, 李珺, 谭显英. 上海城市水资源发展战略研究. 中国给水排水, 2018, 34(2): 24-30.

[91] 古恒宇, 沈体雁. 中国省际高技能人才迁移的时空演化机制. 地理学报, 2022, 77(10): 2457-2473.

[92] 孙宝席. 新中国成立以来党中央关于上海发展战略的演变历程及主要特点. 上海党史与党建, 2021(4): 61-67.

[93] 欧阳竹, 王竑晟, 来剑斌, 等. 黄河三角洲农业高质量发展新模式. 中国科学院院刊, 2020, 35(2): 145-153.

[94] 白春礼. 科技创新引领黄河三角洲农业高质量发展. 中国科学院院刊, 2020, 35(2): 138-144.

[95] 高树琴, 王竑晟, 段瑞, 等. 关于加大在中低产田发展草牧业的思考. 中国科学院院刊, 2020, 35(2): 166-174.

[96] 侯瑞星, 欧阳竹, 刘振, 等. 环渤海"滨海草带"建设与生态草牧业发展路径. 中国科学院院刊, 2021, 36(6): 652-659.

后　记

一

　　《入海口城市发展模式》书稿的母版——《世界入海口城市发展研究报告（2022年）》，于2022年11月5日，在山东省黄河三角洲可持续发展研究院组织的专家评审会得到了高度评价，专家组[①]一致认为，"研究报告首次提出了入海口城市的概念内涵，基于多源数据，从河流自然地理和社会经济影响不同角度遴选50个大江大河入海口城市，通过典型案例城市的解构剖析，提炼了入海口城市发展的8种特色模式，研究内容丰富、创新性强。开展世界入海口城市研究具有很强的理论、实践和现实政策意义，建议未来进一步深化以形成系列研究，扩大该项成果的应用。"

　　11月10日，世界入海口城市合作发展大会在黄河入海口山东省东营市开幕。世界入海口城市合作发展大会由山东省人民政府与中国人民对外友好协会、水利部黄河水利委员会、联合国环境规划署共同主办，以"江河奔海，共向未来"为主题，是首次以"入海口城市"为主题召开的综合性国际会议，会上隆重发布了《世界入海口城市发展研究报告（2022年）》等研究成果。时任全国政协副主席张庆黎在致辞中指出，"入海口城市在经济社会发展中发挥着重要作用，希望世界入海口城市深化文明互鉴，让世界入海口城市合作发展大会成为凝聚共识、合作互惠、同促发展的重要平台"。时任山东省委书记李干杰在致辞中强调，"习近平主席高度重视大江大河的保护和发展，要求山东在推动黄河流域生态保护和高质量发展上走在前。举办这次大会，是深入落实黄河重大国家战略的具体行动。希望通过这个平台共同谱写世界入海口城市发展新篇章"。

　　11月10日晚，中央电视台综合频道"新闻联播"栏目报道"世界入海口城市合作发展大会和《世界入海口城市发展研究报告（2022年）》等研究成果"；新华社刊发"世界

[①] 专家组组长由中国城市规划学会副理事长张文忠研究员担任，专家组成员还包括国家发展和改革委员会城市和小城镇改革发展中心学术委员会秘书长、民盟中央经济委员会副主任冯奎研究员，自然资源部国土整治中心规划发展部主任刘新卫研究员，东营市委政策研究室副主任李颖，东营市政府研究室副主任李英武。

入海口城市发展研究报告发布"，对入海口城市概念内涵及报告主要内容进行了报道。11月 18 日，世界入海口城市合作发展大会组委会专函至中国科学院地理科学与资源研究所，"解读了《世界入海口城市发展研究报告（2022 年）》，为论坛的成功举办发挥了重要作用。对此，我们表示诚挚的谢意。期待与贵所携手同行，共商合作，共享成果，共赢未来！"

会后，山东省黄河三角洲可持续发展研究院、山东省东营市人民政府外事办公室等单位领导也多次带队莅临地理资源所访问指导，感谢课题组为入海口城市概念的打造和大会的成功举办做出重要贡献，同时表达"省市领导对世界入海口城市合作发展大会这一平台的高度重视，要求继续擦亮入海口城市品牌，建立世界入海口城市伙伴计划长效机制和载体。"受此各方面积极评价、反馈和鼓励，决定在《世界入海口城市发展研究报告（2022 年）》的基础上，进一步丰富充实概念、方法、案例、模式等内容，并交送书稿至科学出版社出版。

二

城镇化是 20 世纪以来最为显著的人类活动，具有全球性、广泛性和深刻性特征。在此大背景下，中国经历了人类历史上最大规模、波澜壮阔的城镇化进程。改革开放 40多年来，城镇化率从 1978 年的 17.9% 提高到 2022 年的 65.2%，城镇人口从 1.7 亿人增长到 9.2 亿人，约占同期世界新增城镇人口的 26%。快速城镇化有力地推动了经济社会的快速发展，优化了城乡生产要素配置，改善了城乡居民的生产生活条件；但与此同时，城镇化也面临着社会、经济和资源环境等挑战。

2014 年，印发《国家新型城镇化规划（2014—2020 年）》，明确指出"走中国特色新型城镇化道路、全面提高城镇化质量"。课题组长期以来从事城镇化的基础理论、实践与政策研究。2018～2019 年，受国家发展和改革委员会委托，主持开展了"面向 2035年新型城镇化的战略研究"，研究提出深入推进以人为核心新型城镇化的总体思路和重点路径，被纳入人民出版社出版的《"十四五"规划战略研究》书中。受人民日报社《国家治理》邀请，发表"深入推进新型城镇化与城乡融合发展的思考与建议""我国小城镇的角色演化特征及高质量发展建议"论文；在《地理学报》发表了"中国特色新型城镇化理论内涵的认知与建构"论文，至今已经被下载近万次，被引用 296 次；在《地理研究》2019 年第 1 期，和中国科学院院士陆大道研究员、全国政协常委樊杰研究员联合组织了"新型城镇化新变化的科学认知"专刊，引起学术界和社会的广泛关注。

2019 年，中国科学院立项"美丽中国生态文明建设科技工程"A 类战略性先导科技专项，围绕"美丽中国"生态文明建设的目标和任务，科学刻画"美丽中国"生态文明建设"2035 目标"和"2050 愿景"的发展目标和实现途径，为"美丽中国"生态文明建设提供科学蓝图与实施途径。负责子课题"优化开发区地理图景重构与空间开发强度管控"，重点分析和探讨主体功能属性为优化开发区的城市地区可持续发展模式，入海口城市多数是人口密度高、经济较发达、自然生态脆弱、受气候变化强烈等特征，是优化开发地区的一种典型类型。特别感谢专项首席葛全胜研究员、项目首席陆锋研究员和课题首席张文忠研究员的指导。此外，陆续主持了国家自然科学基金优秀青年项目（新型城镇化，41822104）、研究阐释党的十九届六中全会精神国家社会科学基金重点项目（推进以人为核心的新型城镇化，22AZD049）等，也为本书提供了理论方法基础。

党的十八大以来国家高度重视城镇化工作，中国特色新型城镇化战略具有全局性和重要性，是中国式现代化的重要组成部分。在开展以上研究过程中，感受到中国特色新型城镇化急需理论建构与实践创新。一是新型城镇化具有多样化发展模式，需要结合不同地区、不同类型的城市开展深入探究，总结凝练地方特色模式。二是城市可持续发展和美丽城市建设目标是个复杂系统，需要综合人口、社会、经济和生态环境开展分析和判断，自然和人文科学交叉方法论亟待创新。三是城市发展与国家战略的有效结合，从区域特色及其在国家战略层面中的定位和作用的科学准确理解入手，思考一个区域中长期发展目标和路径。以东营为代表的入海口城市研究恰好为弥补这几个方面创新，为探索人与自然和谐共生的中国式现代化提供了生动样本。

三

"世界入海口城市发展研究报告（2022 年）"研究项目的实施，自始至终都得到山东省黄河三角洲可持续发展研究院领导和同志们的充分信任和大力支持，向常准诚院长、张凌燕副院长、臧民杰副院长、魏景海处长、王海洋博士、季银利博士等表示衷心感谢！感谢山东省东营市人民政府外事办公室苏保乾主任、徐燕副主任等，为世界入海口城市合作发展大会的顺利召开付出了辛勤贡献，多次专程莅临地理资源所指导！本书的完成也离不开中国科学院地理科学与资源研究所领导和同事们多年来的关心支持！

最后，欣喜看到课题组青年一代的成长，他们有先乐、李洋、陈良侃、程嘉梵、马菁、宋文明、汤淑娟、伍程斌、张艺璇等。特别感谢科学出版社杨逢渤编辑的高效工作，为本书出版付出许多！

陈明星
2023 年国庆节于北京中国科学院奥运园区